远　见　成　就　未　来

建 投 书 店 投 资 有 限 公 司
More than books

1939年，乔治·霍伊宁根-许纳镜头下50多岁的香奈儿。

1909 年,身着简洁长裙的香奈儿。

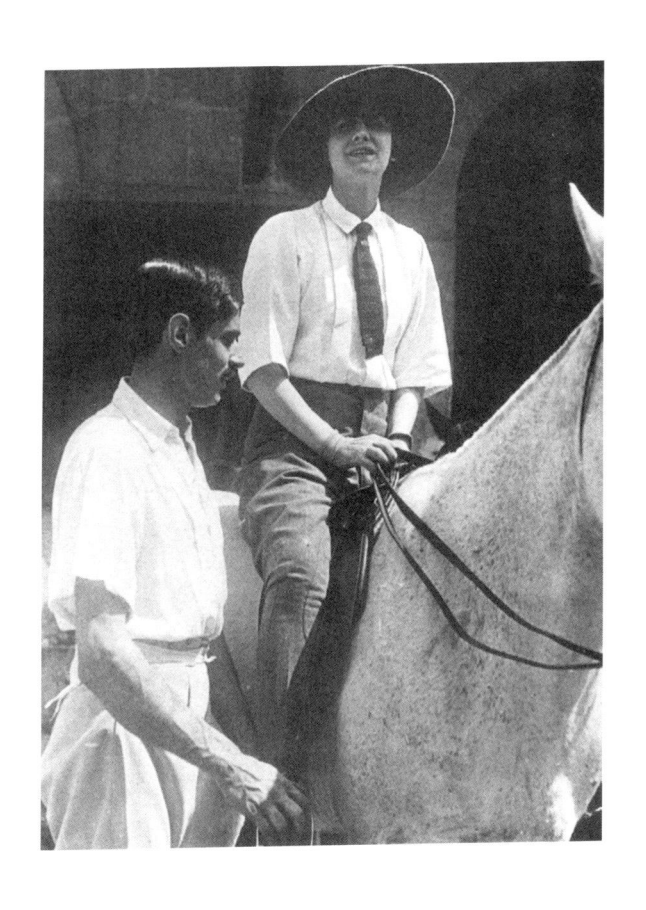

卡佩尔和骑在马上的香奈儿。

在巴尔桑公馆举行的化装舞会上,打扮成乡村少年的香奈儿(右)和加布丽埃勒·多尔齐亚特(左)。

在多维尔的店门前，穿着手工缝制衣服的香奈儿（右）和阿德里安娜（左）。

穿戴着香奈儿衣帽的安托瓦妮特（左）和阿德里安娜（右）。

一身汗布风打扮的香奈儿。

1920年，香奈儿和德米特里大公。

威斯敏斯特公爵和香奈儿。

VOGUE 杂志美国版 1926 年 10 月刊——香奈儿小黑裙设计图。

香奈儿 5 号香水简洁新颖的瓶身。

威斯敏斯特公爵的宅邸——伊顿庄园。

欧巴济讷孤儿院。

香奈儿店内员工发起罢工。

英伦风装扮的香奈儿，身上
佩戴着人造珠宝首饰。

身穿白裙的香奈儿。

香奈儿 5 号香水与玛丽莲·梦露。

香奈儿复出后，为对抗迪奥的"新风貌"系列而发布的香奈儿套装系列。

ELLE 杂志为支持复出后的
香奈儿推出的封面照。

我是
可可·香奈儿

我要我的自由，不论是穿衣，还是人生

筑摩书房编辑部 著

柯伟 译

中国出版集团
中译出版社

图书在版编目（CIP）数据

我是可可·香奈儿 / 日本筑摩书房编辑部著；柯伟译. -- 北京：中译出版社，2019.7
ISBN 978-7-5001-5979-7

Ⅰ.①我… Ⅱ.①日… ②柯… Ⅲ.①夏内尔（Chanel, Gabrielle 1883-1971）—传记 Ⅳ.①K835.655.7

中国版本图书馆CIP数据核字（2019）第149817号

CHIKUMA HYODEN SERIES "PORTRAIT" COCO CHANEL: 20 SEIKI FASHION NO SOZOSHA
Copyright © CHIKUMASHOBO LTD. 2014
Chinese translation rights in simplified characters arranged with CHIKUMASHOBO LTD. through Japan UNI Agency, Inc., Tokyo and Hnahe International (HK) Co., Ltd., Beijing.

版权登记号：01-2018-8205

我是可可·香奈儿

出版发行	中译出版社
地　　址	北京市西城区车公庄大街甲 4 号物华大厦六层
电　　话	（010）68359101；68359303（发行部）；68357328；53601537（编辑部）
邮　　编	100044
电子邮箱	book@ctph.com.cn
网　　址	http://www.ctph.com.cn
出 版 人	张高里
特约编辑	冯丽媛　楼伟珊
责任编辑	郭宇佳　孔吕磊
封面设计	肖晋兴
排　　版	壹原视觉
印　　刷	北京中科印刷有限公司
经　　销	新华书店
规　　格	787 毫米 × 1092 毫米　1/32
印　　张	5.5
字　　数	46 千字
版　　次	2019 年 7 月第 1 版
印　　次	2019 年 7 月第 1 次

ISBN 978-7-5001-5979-7　　　　　　定价：32.80 元

版权所有　侵权必究
中译出版社

香奈儿女装所要表达的精神内涵是,希望女性能够超越时代和性别偏见,用独立和自由映衬出自己的美。其实,这种内涵就是一种优雅,它蕴藏在每一位女性的工作、生活乃至人生之中。

写在前面的话

我们一生中能令自己铭记于心的日子寥寥无几。对于可可·香奈儿来说，1954年2月5日便是这样的一天。

香奈儿这个名字，即使不了解时尚的人也听过或看过。或许有些人的脑海里还会立即浮现出那个由一正一反的两个字母C叠加而成的经典标志。

作为掀起20世纪时尚革命、引领过全球时尚的杰出女性企业家，香奈儿第一次饱尝"失败"二字的苦楚是1954年2月5日这一天。对于当时已年过古稀的香奈儿而言，那次失败可谓前所未有，不仅给她成就斐然的过去抹上了一个难以消除的污点，还差点儿提前结束了她的职业生涯。不过，也正因为如此，香奈儿后来的"起死回生"让大家重新看到了她的坚忍和强大，以至于"香奈儿"这个名字最终成为一个传奇。

其间究竟发生了些什么？我们不妨一起来看看1954年2月5日之前，香奈儿都经历了些什么吧。

香奈儿快30岁时，作为女帽设计师崭露头角，在55岁时迎来了自己事业的巅峰。香奈儿在时尚界尽情施展才华，陆续设计出许多既满足顾客需求，又别具一格、光鲜亮丽且不易过时的衣服。有些早已被载入世界时尚史，比如汗布连衣裙、花呢套装以及摒弃一切装饰、凭借极简风格惊艳世界的香奈儿小黑裙等。除此之外，与衣服一起搭配的饰品、手袋、鞋子以及风靡全球的香奈儿5号香水等也十分受欢迎。靠着设计和经营这些产品，香奈儿逐渐赢得了全球女性的崇拜和敬意。

然而，在香奈儿56岁那年，她的职业生涯遭遇变故。1939年9月，第二次世界大战爆发，由于法国境内还未进入战争状态，巴黎居民的生活看起来并没有什么变化，香奈儿还如往年一样在巴黎举行了时装发布会。但在这场发布会结束后，香奈儿开始了长达15年的隐居生活，只留下"如今已不是谈论时尚的年代"这样一句话。虽说战争会对生意造成影响，但香奈儿原本就是在第一次世界大战期间大获成功的。这样想来，她上面的那句话实在难以让人信服。

在隐居的15年里，香奈儿谈了一场恋爱，还卷进与时尚相距甚远的世界局势问题之中。这些都将在后文中一一进行介绍。

对于克里斯蒂安·迪奥的敌意

在香奈儿从公众眼中消失的15年里,时尚界发生了天翻地覆的变化。

1947年,新锐设计师克里斯蒂安·迪奥推出全新设计作品"新风貌"系列,凭此名声大噪。"新风貌"系列强调突出丰胸细腰的身体曲线,还有长及小腿的宽阔裙摆,任何人想要穿好这一身衣服必须先束腰。让女性再次裹上束身胸衣,并只以上流社会女性为销售对象,这样的设计理念和销售方式让香奈儿无法忍受。另外,在香奈儿看来,伴随"新风貌"系列发布的"迪奥小姐"香水,显然也是在向香奈儿5号香水发起挑战。

一位名叫克劳德·德莱的精神分析师认为,让香奈儿下定决心复出的最大理由便是迪奥。迪奥一方面凭设计风格博得人气,另一方面不断向香奈儿已经取得专卖权的香水市场进军。迪奥的所作所为激起了香奈儿的不满,所以尽管她当时已经70多岁,最终还是决定复出。

当然,香奈儿复出还有另外一个原因,那就是她对工作的热情从未真正消减。香奈儿的演员朋友玛琳·黛德丽问她:"你为什么又开始自找麻烦了?"她的回答是:"你们不会明白我在这之前有多么焦虑。"可见,对香奈儿来说,活着就是为了工作。在这样的信念支撑下,一些原本看似会阻碍她复出的因素,诸如年龄、过去的成就以及稳定的收入等,都好像没了意义。

复出发布会惨遭滑铁卢

1954年2月5日,71岁高龄的香奈儿秣马厉兵,举办了复出后的首场时装发布会。香奈儿之所以选择5号这一天,是因为"5"是她的幸运数字。香奈儿5号香水在1921年上架后便一炮走红,自此为香奈儿带来了源源不断的财富,所以香奈儿对"5"这个数字有着特殊的感情。

当天,香奈儿的店里充斥着紧张的气氛,仿佛再过几分钟就要开始法庭终审。店里挤满了从法国各地以及英、美、德、意等国赶来的记者和买手们,他们都想要见证这位传奇设计师极具戏剧性的复出时刻。

此次,香奈儿也是抱着一生仅此一次的莫大决心,勇敢地挑战自我。然而,结局并不美好,许多人对发布会大失所望,甚至走秀还没结束就离席了。发布会还受到法国大小媒体的批评,诸如"香奈儿的时代已经结束了""过时老气",字里行间无一不透露出失望的语气。法国的《战斗报》这样写道:"记者们感到十分失望，买手们则非常不安，各自离去。当模特身穿第一条裙子出场时，大家便觉得所谓的香奈儿风格已经过时。"还有一些报纸更加直言不讳，评价香奈儿的发布会"忧郁老旧""就像乡下农妇一样俗气"。英国的《每日邮报》只写了两个字——"失败"。

发布会的第二天，香奈儿的店里没有一位客人光顾。纵使香奈儿久经沙场，面对如此结局，也难免大失所望。如果香奈儿还年轻，倒还可以告诉自己"挽回名誉的机会还有很多""失败乃成功之母"之类的话，无奈当时她已经71岁了。享受过至上荣光的香奈儿为了重出江湖，拼尽全力站在新的起点上，迎接她的却是残酷的现实。

这种事情不论放在谁身上，都很难坦然面对。然而，香奈儿表现得十分强硬："机会来了，我们可以毫无顾忌地在沙龙上准备下次发布会了。"她还表示:"大家其实都已经落伍,不久他们便会明白过来。"

从美国刮来的东风

发布会过后不久,便从美国刮来一阵"东风",一扫香奈儿的阴郁。

1954年3月15日,当时全球知名的美国《生活》杂志刊登了以"香奈儿复出"为题的长篇图文报道。文章开头便告诉正致力于战后复兴的美国读者:"加布丽埃勒·香奈儿推出了全世界最有名的香水。其实,她早在战前就已是非常著名的时尚设计师。"这篇报道不仅介绍了香奈儿5号香水是如何席卷世界市场的,也让广大读者开始关注其背后的设计师香奈儿。此外,报道还特地强调了香奈儿新发布的时装

"穿着舒适、简洁优雅",并总结道:"或许一些保守的消费者并不喜欢这些设计,但大多数人一定会受到香奈儿风格的影响。"

《生活》杂志还为香奈儿复出后的第3次时装发布会推出了3页特辑,并在结尾处给予了最高的赞赏:"加布丽埃勒·香奈儿带给我们的不仅是一种时尚,还是一场革命。"《生活》杂志之所以这么说,是因为香奈儿推出了"响应新时代的新风格"的口号。在战时和战后活跃在社会中的美国女性一直希望有这样一种衣服,不论在职场还是在聚会上都能穿着,同时还能彰显自己的地位。香奈儿设计的衣服优雅别致,还穿着方便,正好可以满足她们的要求。

当然,高级时装店的衣服并不是谁都能穿得起的,绝大多数人穿的其实是仿版设计。不过,香奈儿不惧怕被抄袭,想必是因为她早已预想到20世纪将是一个大批量生产的时代。香奈儿坚信自己必须坦然面对人们不断变化的时尚观念和生活方式，始终与时代同行。在她眼里，将这一信条融入大众普遍的价值观中更是自己的使命。那些真正信奉香奈儿价值的人会不惜远渡重洋来到巴黎的康朋街，只为买到货真价实的香奈儿套装。

后来，法国女性杂志 *ELLE* 也以"千万女性为香奈儿投票"为标题对香奈儿表示了支持，因为香奈儿设计的衣服与 *ELLE* 杂志倡导的"优雅但不失活泼，精神和经济双独立"的女性愿景不谋而合。

就这样，香奈儿重返巴黎时尚界的宝座。在经历了15年的空白期以及回归受挫后，"香奈儿"作为顶级品牌的辉煌得以重现，香奈儿女士的名字也成为不朽的传奇。香奈儿凭着自己的努力取得如此成就，她的童年又是怎样的呢？让我们一起来了解她的人生吧。

目 录

第一章　亦真亦假的童年往事　1

第二章　改变香奈儿人生轨迹的人
　　　　——博伊·卡佩尔　19

第三章　"斩尽杀绝的天使"
　　　　掀起女装界的革命　29

第四章　基于需求，从零开始创造时尚　43

第五章　香奈儿5号香水　59

第六章　香奈儿小黑裙问世　71

第七章　威斯敏斯特公爵和香奈儿的时尚精髓　85

第八章　香奈儿白裙与进军好莱坞　95

第九章　时尚潮起潮落，唯有风格永存　115

年　表　129
参考文献　133
思考题　139

第一章

亦真亦假的童年往事

1883年8月19日，香奈儿出生在法国卢瓦尔河畔一个有骑兵部队驻扎的小镇索米尔。受洗时，她被取名为加布丽埃勒·香奈儿，而现在人们一般称呼她为可可·香奈儿。

香奈儿的出身和成长经历始终有些扑朔迷离。众所周知，香奈儿在谈到自己的过往时，偶尔会夹杂一些谎言和虚构的故事。就连自己的昵称"可可"的由来，香奈儿也曾讲过多个不同版本的故事：一会儿说是她父亲喜欢的狗的名字；一会儿说是军官们对她的爱称；一会儿又说这个名字来源于她当歌手时唱过的歌。没有人知道"可可"这个名字的真实来历。

香奈儿的父亲阿尔贝·香奈儿出生于法国

普罗旺斯地区尼姆近郊的一个农民家庭，体格健硕的他并没有子承父业，而是成为一名流动商贩，穿梭于各个村落和集市兜售商品。阿尔贝皮肤浅黑，面庞英俊。

香奈儿的母亲让娜·德沃勒是奥弗涅地区某位葡萄园庄主的侄女，幼年丧母，性格比较内向。某年冬天，阿尔贝来到了让娜的家乡小镇。让娜对阿尔贝一见钟情，不久便怀了他的孩子。在二女儿加布丽埃勒出生之后，两人结了婚。

母亲的早逝与父亲的离弃

两人结婚后，又生下一女二男，阿尔贝总不着家，让娜既当妈又当爹，只身一人照顾几个孩子。疲惫不堪的她对婚姻感到失望。不知不觉，她的消极情绪给整个家庭蒙上了一层阴影。对于母亲的不幸，孩子们比任何人都更清楚。敏感的他们心疼母亲，总是绞尽脑汁地想做些什么。然而，孩子们的努力未能扭转最后的悲惨结局。一般来讲，一个人如果有着这样苦涩的回忆，很可能在不知不觉间影响到自身价值观和人生道路的选择，香奈儿一生未婚，也没生育过子女，不知是否缘于此。

由于生活贫苦，让娜33岁时便因结核病离开人世，那时香奈儿只有12岁。直到让娜停止呼吸的那一刻，阿尔贝还是没有出现，就像香奈儿出生时一样。母亲死后，香奈儿和她的姐妹们整日以泪洗面，终于有一天等回了她们的父亲阿尔贝。父亲二话不说，直接用他走南闯北的两轮马车把香奈儿及其姐姐朱莉亚、妹妹安托瓦妮特带回父母家。可是，香奈儿的祖父一边咒骂，一边把他们父女四人赶了出去，声称家里养不了更多的拖油瓶了。实际上这只是因为香奈儿的祖父把钱看得比任何东西都重要。

香奈儿姐妹被送到了欧巴济讷的一间孤儿院。这间孤儿院设在某罗马式修道院的角落里，修道院四周耸着高高的围墙，破旧中透着庄严肃穆。阿尔贝把三个女儿丢在这里后，又把他的两个儿子送进了救护所。从那以后，香奈儿就再也没见过她的父亲。至于阿尔贝后来过得怎样，于何时何地去世，香奈儿都无从得知。

据克劳德·德莱所言，香奈儿一直到死都不愿承认她被父亲抛弃的事实。只要别人在她面前谈到"孤儿"两字，她的脸立马就会沉下来，有时甚至勃然大怒。香奈儿童年时经历的动荡和不安带来的阴影直到她成年后也没有完全消除。香奈儿还说过："我 12 岁时，属于我的一切已经被夺走了，我跟死了一样。"

尽管如此，德莱表示她从没有听香奈儿说

过她父亲的坏话。香奈儿习惯于把想象中的父亲当成现实："我的父亲出生于尼姆，是一名红酒商人。"她还把自己比作父亲特别珍惜的一根葡萄树枝，独一无二且品质优良。不仅这样，香奈儿还说过："传说本身比里面的主角更具生命力。真相往往是残酷的，所以人们都更喜欢像寄生虫一样幻想。"

当年在欧巴济讷孤儿院举行的圣餐礼上，12岁的香奈儿穿着一条白色裙子，据说那是父亲送给她的。对于香奈儿来说，这条白裙便是她和父亲最美好的回忆。德莱说，她无数遍地从香奈儿那里听到这条白裙的故事，"耳朵都快起茧子了""香奈儿不知厌烦地一直在和我念叨她的那身打扮。玻璃纱加上蕾丝花边的裙子，一直垂到地上的面纱，还有丝绸袜子和令人感动的玫瑰花冠。所有这一切都让香奈儿在众多头戴传统女帽的乡下姑娘中显得格外引人注目。

想必从那时起,香奈儿便开始梦想有一天自己能成为一位出类拔萃且独一无二的女性吧。"

以自尊为翼,朝自由飞翔

在阴暗的欧巴济讷孤儿院,香奈儿从不肯打开自己的心扉。就连在照顾自己的修女面前,她也从来没有说过"我的母亲"这样的话。香奈儿的悲伤只属于她自己,为了不让他人察觉,她把那些情绪都锁在了内心深处。

"是自尊心拯救了我",香奈儿总把这句话挂在嘴边。少女香奈儿的自尊心有多强,读了下面这个故事便可知一二。

在欧巴济讷孤儿院,为了区分得到免费照料的"孤儿班"和父母花钱让孩子来上课的"寄宿班",孤儿班的孩子们每人会收到一套简陋的制服。香奈儿不甘心被烙上孤儿的印记，于是在保持衣服大致外形的前提下对其进行了改造。改制后的衣服不仅没有变得面目全非，还让人一眼就能看出有所不同。借助寻常的大蝴蝶结领带、白色领子以及暗褐色裙子，香奈儿打造出了专属于自己的衣服，通过这一行为维护着自己的自尊心。这套衣服后来成为香奈儿人生中最亲密的"伙伴"，也就是所谓"香奈儿时尚"的起点，恐怕是那时的香奈儿没有料想到的。

当时，孤儿班的孩子总是被寄宿班的孩子瞧不起，他们感到自己低人一等。但是香奈儿不一样，别人嘲讽她"古怪""不可爱"，是个"麻烦的小孩"，她会奋起反抗。多年后，香奈儿向自己的传记作者保罗·莫朗坦言："我一直都非常傲慢，从来不会卑躬屈膝或觉得自卑。我很讨厌委屈自己的想法，或是服从他人的命令。"香奈儿还说："傲慢不仅是构成我所有性格的关键，也塑造了我的独立精神和孤僻特质，同时也是我汲取力量和获得成功的秘诀。"

在悲惨的少女时期，香奈儿梦寐以求的东西就是"自由"。"傲慢的人只有在自由时才是最开心的，但自由需要金钱的支撑。我认为，只有钱才能打开通往自由的大门。"

自幼被父亲抛弃，又与故乡失去了联系，年幼的香奈儿要想活下去，就必须接受残酷的生活现实。究竟是什么支撑着孤立无援的香奈儿一路成长呢？从上文便可以看出，是她对于未来的野心。

"终有一天，我要成为一个有分量的人，拥有谁都无法干涉的自由。"香奈儿的雄心壮志就像故乡奥弗涅的活火山，在她心中喷涌不息。

人气歌手兼女裁缝的初恋

在巴黎以南约 300 千米的法国中部有一个名叫穆兰的城市。这座城市没有什么特色,唯一的看点也就是中央广场的那间咖啡馆了。咖啡馆的四面墙上装着明亮的镜子,高高的天花板上绘有常春藤的图案。咖啡馆的角落里放着一架钢琴,当时这里经常举办在巴黎也十分流行的"咖啡馆音乐会"。咖啡馆可以说是穆兰首屈一指的艺术文化高地,同时也是广受欢迎的社交场所。

由于孤儿院只能收留 17 岁以下的孩子,所以香奈儿在 17 岁时便和她的姐姐朱莉亚、妹妹安托瓦妮特一起被送到穆兰的一家女生宿舍。

彼时的香奈儿还不知道自己有什么样的才能,却有着"自己一定可以成为一个了不起的人"的强烈自尊心。于是她立下目标,要当一名走在时代前列的咖啡馆歌手。作为一名独自摸索未来的年轻女性,香奈儿想要以此获得成功也不足为奇。最终,香奈儿幸运地被录用为见习歌手,她的拿手歌曲之一便是当时风靡巴黎的《谁见过可可》。

香奈儿那优美独特的嗓音和年轻曼妙的身姿,令听众拍手欢呼:"可可,可可!"香奈儿被叫作"可可"的缘由有很多版本。香奈儿会根据聊天的对象和自己的心情来讲述不同版本的故事,现在这个说法就是她最喜欢的版本之一。

其间,香奈儿与住在穆兰近郊、比自己还小的姑姑阿德里安娜得以重逢,两人之间的交流迅速多了起来。向来不习惯和亲戚打交道的香奈儿却很快和美丽优雅的阿德里安娜亲近起来。经过修会的介绍,香奈儿搬离了宿舍,和阿德里安娜一起去了位于穆兰市中心的圣玛丽裁缝店，在那里做起了裁缝助理的工作。

在裁缝店附近，有一些贵族公馆和贵族常去的赛马场，还有法国陆军精英骑兵队的宿舍。香奈儿每天看到那些昂首挺胸走在街上的英俊士兵，难免心生爱慕。另外，她的目光还被军官身上那笔挺的军装所吸引，镶嵌着金色纽扣和绒线的上衣、做工精良的骑士裤、锃亮的长靴……这些都为香奈儿后来设计出镶有花边的套装提供了灵感。

骑兵通常会在巴黎的顶级服装店订购经典的浅蓝色长大衣以及衣服上的金色纽扣，但装饰绳的修补和替换等交给香奈儿所在的圣玛丽裁缝店来做。

来店里的骑兵中，有一位出身上流资产阶级名叫艾蒂安·巴尔桑的骑士。和香奈儿认识后越聊越投机，觉得彼此无论是兴趣爱好，还是对于未来的野心以及童年时的不幸经历方面都很相似。

香奈儿告诉巴尔桑,母亲去世后,她的父亲一个人去了美国,巴尔桑对此半信半疑。

这是香奈儿第一次把自己承受过的所有痛楚告诉别人。巴尔桑幼年失去双亲,把遗产全部花在养马上,曾被视为问题少年。或许正是因为巴尔桑经历过与自己类似的痛苦和寂寞,香奈儿才对他如此信赖。

在巴尔桑邀请香奈儿前往他的公馆观赏驯马后不久,香奈儿便辞去在圣玛丽裁缝店和咖啡馆的工作,住进了巴尔桑的公馆,并在那里过上了每天骑马玩乐的生活。

后来,香奈儿在回顾往事时说:"是马决定了我的整个人生。"她认为是巴尔桑将她"从自己憎恨的一切中拯救了出来",巴尔桑后来也认为他"为可可打开了新天地"。

尽管香奈儿在巴尔桑的公馆住了下来,但

她与周围其他女性的生活方式完全不同。这一点，连早已习惯香奈儿个性的巴尔桑都感到吃惊。香奈儿"既没有打扮成贵妇，也不像是助手"，而是穿着喇叭裤学习骑马，每天把报纸从头读到尾，关注赛马的最新消息……可是渐渐地，香奈儿又开始感到无趣。

我就是我，我的衣服独一无二

香奈儿身材娇小，已经25岁的她看起来只有十几岁。香奈儿住在巴尔桑的公馆里，目睹了上流社会的生活方式。在此之前，那里的一切是她无法想象的。不用工作也可以有饭吃，即使睡到中午也不会被训斥，这样的生活实在太安逸了。

不过，香奈儿却越发地讨厌起那些每天出

入公馆的女人。她们因为自己生在有钱人家就目中无人，成天闲聊一些无聊的话题消磨时间。她们个个穿着束身胸衣，裹着长裙，头上戴着大檐帽，走起路来左摇右摆。

"那时，来到赛马场上的女人们都戴着巨大的帽子，上面还会装饰羽毛、水果等。我认为那种帽子的最大缺陷就是不能完美贴合头部。"

"我才不想和那些女人们在一起！"支撑自己活下来的那种强烈自尊心再次在香奈儿心中燃起。于是香奈儿像在孤儿院时一样，将衣服都改造成自己的风格，以此显示自己是"独一无二的存在"。如果要说什么最能反映出香奈儿的这一心思，莫过于这个时期她最常穿的骑马服了。

当时的女性骑马时也穿着裙子，只能侧坐在马背上。但香奈儿不喜欢这样，于是她设计出骑马裤和不加任何装饰的简洁上衣以及小蝴蝶结领带。有时，香奈儿还会把巴尔桑的衣服改一改拿来穿，或者直接套在身上。

另外，香奈儿每次进行搭配时，有一件东西必不可少，那就是手工制作的小礼帽。她有时会穿女式西装，再戴上一顶系有圆点丝带的平顶帽。

香奈儿一反身边女性的衣着常态，其新鲜雅致的穿衣风格令众人眼前一亮，迅速吸引了每天出入巴尔桑公馆的女人们。很快，她们一个个都订购了"可可小礼帽"，并争先恐后地戴在自己头上。

面对如此情形，香奈儿越来越想要闯出属于自己的一片天地。于是她鼓足勇气对巴尔桑说出了自己的想法："我想开一间自己的女帽店。"

可能当时的巴尔桑认为香奈儿只是想打发时间，没有想到爱睡懒觉、性情不定的香奈儿是为了自立才想要开帽子店的。不管怎样，巴尔桑还是把他巴黎公寓的其中一间屋子提供给香奈儿作为工作场所。

关于开店一事，香奈儿其实早已下定决心。她不再是那个从小在孤儿院长大、不谙世事的少女，也不会再为了成名一味卖唱而无视自己的才华。这一次，香奈儿终于自己把握了命运。

1908年，25岁的香奈儿在巴黎马勒塞布大道160号开设了自己的第一家女帽店。后来，这家店作为"香奈儿最早开设女帽店的地方"被载入了世界时尚史册。

第二章

改变香奈儿人生轨迹的人

博伊·卡佩尔

香奈儿的女帽店开业快一周年的时候,对工作抱有极大热情的她与博伊·卡佩尔相遇了。

那时,前来光顾香奈儿女帽店的人越来越多。巴尔桑的一些女性朋友自不用说,不少热衷于时尚的上流社会女性也慕名而来,罗斯柴尔德男爵夫人和皮妮尔泰公爵夫人等巴黎社交界名媛都是香奈儿店里的常客。

香奈儿和卡佩尔两人是在某次由巴尔桑举办的狩猎聚会上偶然相识的。关于对卡佩尔的印象,香奈儿在日记中这样写道:"他是那么年轻,浑身上下没有一丝平庸。那头深褐色的头发令人陶醉,他实在是一位魅力十足的美男子。

不，甚至比美男子还要绚烂美好。我已经彻底被他那双绿色的眼睛和毫不矫揉造作的气质给迷住了。"大概这就是我们常说的一见钟情吧。

除了外貌，卡佩尔的商业才能更令香奈儿倾倒。他和巴尔桑身边那些"出身富贵却饭来张口"的公子哥朋友不同。卡佩尔白手起家，创办了自己的煤炭运输公司，是一位自立自强、极具商业头脑又满怀工作热情的男性。

卡佩尔富有涵养，极具个人魅力，再加上精通马球运动，即使在巴黎的上流社会中，他也是一个令人刮目相看的存在。

由于两人对工作都抱有极大的热情，卡佩尔也慢慢地喜欢上了香奈儿并最终走在了一起。但他们与巴尔桑仍然保持着朋友关系。为什么会这样？因为本来巴尔桑除了香奈儿还有别的女朋友；至于香奈儿，她对卡佩尔的喜爱也远胜过对巴尔桑的喜爱。

香奈儿曾坦言，她不会像其他女人那样在两个男人之间摇摆不定、不知所措，而是会站在更高的角度冷静看待他们的关系。她还说："巴尔桑和卡佩尔都把我当作一只无依无靠的小麻雀，但我明明是一只野兽。"在恋爱关系中，香奈儿从来都是一位处变不惊的女主角。

我不是任何人的附属品

虽然香奈儿的女帽店生意越来越好，但由于它地处僻静的住宅区，香奈儿想把店迁到位置更好的地方并进一步扩大店面。她向巴尔桑借钱，却遭到拒绝，因为巴尔桑打心底里觉得，一个女人不可能会全心全意地投入到一项事业中去。就在这时，卡佩尔向香奈儿伸出了援手。他在自己常去的银行以香奈儿的名义开了一个账户,并授权香奈儿可以从自己的账户里借钱。

卡佩尔之所以这样做,不仅是因为他对香奈儿的喜爱,还有他对香奈儿的充分信任。曾白手起家、靠着自己创出一番成绩的卡佩尔看到了香奈儿作为创新者和企业家的非凡才能,并深信香奈儿是一位值得投资的商业伙伴。

1910年末,在卡佩尔的支持下,27岁的香奈儿终于把自己的店迁到了康朋街21号。自此之后,香奈儿与这条街的缘分便在不断延续着。直到现在,香奈儿总店还开在这条街上。从这条街走到后来香奈儿长期居住的丽兹酒店只需5分钟。

迁址后,女帽店的生意越来越红火,香奈儿和卡佩尔的生活也十分恬静。香奈儿用雪纺的蝴蝶结领带搭配在开襟圆领女衫上,再用珠地布质地的发绳扎起了头发。与当时女性在骑马时穿戴的大礼帽搭配马甲背心相比，这样的衣着打扮不仅充满了女性魅力，还能凸显个人品位，转眼间就抓住了众多顾客的心。

同一时期发生的一件事，不仅是香奈儿职业生涯中的一件大事，更是她对世界时尚史作出的突出贡献。

卡佩尔的众多朋友中，有当时在舞台上大获成功的女星加布丽埃勒·多尔齐亚特等演艺界人士。某次，这些名人在巴尔桑的公馆举办了一场化装舞会，香奈儿参演了其中名为"乡下婚礼"的即兴短剧。从新郎、新娘到伴郎、伴娘，所有出场人物的衣服都是香奈儿从各个地方搜罗而来的。

在展示这些衣服时，香奈儿采用了一种很独特的方式。具体来说，就是让模特们一个接一个地登上舞台进行展示，因而也被称为"游行"。后来，从巴黎时装发布会到东京女孩展演,这种展示方式逐渐成为全球时尚界举行新品发布会的统一风格。

这场表演过后,多尔齐亚特在舞台上戴的帽子大受欢迎,香奈儿接到了许多订单。那时,舞台上的女演员都喜欢穿装饰繁多、极尽奢华的裙子,当她们戴上简单别致的香奈儿麦秸草帽后,焕然一新的风格立即受到了时尚人士的一致好评。

当时,巴黎时尚界的宝座正被保罗·普瓦雷独占着。但他一方面引领着简洁实用的设计风格,另一方面又处处打压正在朝服装帽饰界进军的香奈儿,批评香奈儿的设计一无是处。普瓦雷之所以这么做,或许是因为直觉告诉他,自己的时尚宝座很有可能会被这个不知道从哪里冒出来的新锐设计师抢走。

和对方平起平坐时，方能知其是否是真爱

通过接下来这个故事，我们又会看到香奈儿的另一面——她作为一名企业家的自我认知。

某晚，在外出就餐的路上，卡佩尔告诉香奈儿，银行打电话来说她的支票开支有些多。随后，卡佩尔又连忙笑着说，"没什么大不了的"，想要结束这个话题。但香奈儿内心受到了巨大打击。如果没有卡佩尔当担保人，银行是不会贷款给自己的。即使有什么事情，银行也会首先联系卡佩尔……现在摆在自己眼前的仍是这样的现实。

垂头丧气的香奈儿自言自语道："难道没有了卡佩尔，我就做不成事吗？"她开始深切体会到，自己并不是自由的。

还有另外一个故事可以佐证香奈儿的这一性格特点。

某次，卡佩尔若无其事地问香奈儿："你爱我吗？"香奈儿的回答却是："等我自己实现了独立，真正和你平起平坐后，再让我来回答这个问题吧。因为只有在我不再需要你的帮助时，我才知道自己是不是真的爱你。"

几年后，当香奈儿把从卡佩尔那里借来的钱全部还清时，卡佩尔忧心忡忡地说："原本只是想送你一个礼物，却没想到给了你自由。"

香奈儿则满面笑容地回应道："能够说一句'我不是任何人的附属品'真是快乐极了。我再也不会离不开谁了，我才是我自己的主人。"

第三章

"斩尽杀绝的天使"
掀起女装界的革命

作为香奈儿传记的作者,保罗·莫朗习惯将香奈儿称作"斩尽杀绝的天使",因为香奈儿清除了所有属于19世纪的"旧时尚"。

19世纪初,上流社会的时髦女性极力凸显自身的女性美,穿衣打扮大都缺乏实用性。而且所谓的时尚也只存在于少数上流社会女性当中。

当时,服装业还未实现机器大生产,也没有现在广泛流行的休闲装。绝大多数女性都是去裁缝店、帽子店和鞋店定做自己的衣物。通常,一套衣服做下来需要花费很长时间,中途还要经过反复试样与修改。在女装中,最为理想的身材便是丰胸、细腰和宽臀,也就是现在人们常说的S形曲线。然而,这种曲线要求与其说是为了女性，倒不如说是为了满足男性的审美需求。

那时的女性一般都会把头发梳得高高的，露出整个额头，再戴上格外讲究的大帽子——帽子上还会装饰着蕾丝、缎带、各种花朵和水果饰物等，甚至有时在一个帽子上堆砌所有这些装饰元素。

她们还会用高高的衣领让自己的脖子显得又细又长，再穿上用鲨鱼骨制成的蕾丝束身胸衣，把腰身勒得紧紧的，几乎不能呼吸。除此之外，束身胸衣外还要裹上长裙，裙子从大腿处一直伸展到地面，呈现出一个大大的 A 形。为此，她们时刻都不能忘记拖着百褶裙的裙摆。

这样一身装扮需要的物件多到令人难以置信。细数一下的话，有紧身胸衣、长长的内裤、衬裙，还有叠了很多层的衬裤……每一件都是用棉布、丝绸以及蕾丝制成的，并加上了手工缝褶，还带有刺绣点缀和裙边装饰。为了增添雅趣，女士们会披上蕾丝饰边的斗篷，有时还会戴上华丽的袖套。恐怕现在的我们光是想想就已经感到肩膀酸痛、呼吸不畅了吧。

1908年，巴黎设计师保罗·普瓦雷提出了质疑，主张应该将女性从束身胸衣中解放出来。普瓦雷设计的衣服一律不需要穿胸衣，并从腰部开始径直垂落，呈I形轮廓。普瓦雷推出了许多焕然一新的服装款式，对一众追逐时尚的年轻女性产生了很大影响，他也因此一跃成为当时时尚界的宠儿。

但和不久后香奈儿推出的服装相比，普瓦雷的设计仿佛还停留在19世纪，就像舞台表演的服装一样浮夸。因此，在香奈儿携着她的时尚服装一起登场后，之前那些陈旧的服饰设计思想都被清除了，正如保罗·莫朗所说的"斩尽杀绝"。

简单、舒适、毫不浪费的衣服

在和卡佩尔度过了"人生中最幸福的两年"后,香奈儿在多维尔开了一家新店。时值1913年第一次世界大战爆发前夕,紧张的战争气息迅速弥漫到整个欧洲。

多维尔是法国著名的度假胜地,位于法国西北部的英吉利海峡沿岸。这里风光旖旎,富人聚集,卡佩尔的别墅也在此地。推荐香奈儿在这里开店的人,正是卡佩尔。那时,香奈儿30岁,她和卡佩尔已经成为平起平坐的商业伙伴。

在这家新店里,除了已经大受好评的女帽,香奈儿还开始卖起自己设计的衣服,比如不用束腰的宽松裙子和开襟衬衫风格的上衣等。

有一张当年开业时的照片,是香奈儿和来店里帮忙的姑姑阿德里安娜一起站在店门前拍的。照片里的香奈儿戴着简洁明快的宽檐帽，套装外面穿着一件V形开领的上衣，裙子上带着箱状褶皱，整体看起来宽松又舒适。另外，香奈儿上身穿的衣服上还有两个实用的方形大口袋，她把手插在了里面。后来，这样把双手插进口袋里的风格逐渐成为香奈儿服装造型中的经典。

照片里站在香奈儿身旁、害羞地笑着的便是阿德里安娜。她戴着黑色的窄檐帽，身上随意地披着一件大衣，大衣设计得与少数民族穿的袷袢一样宽松。香奈儿说，她的这些设计灵感都来自于昂首阔步走在多维尔大街上的海军军人身上穿的衣服，所有衣服都是宽松剪裁，完全没必要再去穿束身胸衣。

每天清晨和傍晚，年轻貌美的阿德里安娜和香奈儿会穿戴着店里的衣服和帽子在街上或海边散步。她们通过展示自己，把戴帽子的方式、一些搭配技巧以及小物件的使用方法教给了同样走在街上的女性。多维尔本来就不大，转眼之间，香奈儿的穿衣风格就成了当地女性关注的焦点。

战争总是不由分说地给人们的生活带来变化，不管对方是穷是富。1914年，也就是香奈儿在多维尔开店的第二年，第一次世界大战的爆发竟给香奈儿的服饰生意带来了好运。

为了救治在前线受伤的军人，多维尔当地的许多酒店都变成了医院。男人们奔赴前线，女人们则承担起了照料伤员等事务，所以她们需要便于行动的实用衣物。另外，不少上流社会女士因为避难被疏散到了多维尔，她们不再需要在巴黎社交场合所必需的华丽长裙，改为追求方便穿着和行动的衣服，这些都为香奈儿扩大生意提供了机遇。

香奈儿接连推出了许多设计简洁的衣服，

比如套头衬衫、套头毛衣以及开襟毛衫等。这些样式的衣服她自己都曾穿过,几乎是对巴尔桑、卡佩尔等身边男性所穿衣物的改造。对此,香奈儿曾表示:"一种时尚的结束伴随着另一种时尚的兴起,而我就站在那个转角。我设计的每件衣服里都十分自然地包含着'简单、舒适、毫不浪费'三个元素,这并非我的刻意所为。"

香奈儿设计的衣服与战争时期女性的生活方式完美匹配,因此十分畅销。趁着生意越来越好,香奈儿立即开始进一步扩大自己的时尚事业。

开设高级时装店

1915年夏,卡佩尔从军队获准休假,他和香奈儿一起前往法国西南部的度假胜地比亚里茨静养。这个小镇距离法国和西班牙的边境很近,许多人都知道这里是不少欧洲名人常来的高级疗养地。另外,人气设计师普瓦雷和西班牙皇室的别墅也都在此地,使得这里更加有名。由于比亚里茨远离战火,无论是逃难的人,还是发了战争财一夜暴富的人,以及正在休假的军人,乃至颐指气使的西班牙游客都一窝蜂地拥到了这里。

尽管是在战争时期,比亚里茨的大小街道上却充斥着逃避现实、尽情享乐的气氛。咖啡馆和商店的生意非但没有变差,反而十分红火,大酒店里也是夜夜笙歌,好不热闹。

香奈儿和卡佩尔两人商业眼光独到,根本不需要怎么讨论,就决定在这个小镇上开设第三家香奈儿时装店。而且他们一致认为,这次并不需要开设像在多维尔那样的普通衣帽店,而是要开一家真正的高级时装定制店。

两人一拍即合。靠着卡佩尔的投资，香奈儿买下了比亚里茨赌场旁别墅区里的一栋豪宅，这里曾世代为拿破仑家族所有。香奈儿在那里开了一家雅致的新店，还带有两个工作室。

工作室里有大约 60 名裁缝同时工作。据当时的香奈儿员工称，"虽然工资待遇很不错，但什么都追求完美主义的香奈儿要求非常严格，所以大家经常加班到天快亮"，有不少人因无法适应这样的工作强度而请辞。

后来，香奈儿的妹妹安托瓦妮特也开始帮忙打理店里的事务。为了让裁缝们的技艺变得更好，香奈儿姐妹频繁往返于巴黎康朋街和比亚里茨之间。有时会从巴黎邀请一些精通剪裁、试样的师傅去比亚里茨，专门对新招的裁缝进行技术指导；她们也会安排一些在比亚里茨上班的裁缝前往巴黎工作室磨炼手艺。在员工培训方面，香奈儿从来没有吝惜过时间、精力和金钱，因为她比谁都明白，在做衣服这件事情上，裁缝的技术有多么重要。

至此，香奈儿三家店里的裁缝人数总计300余人，这一数字已经快赶上鼎盛时期普瓦雷公司的员工人数了。

不穿汗布的女人已经过时

香奈儿作为时尚设计师博得了巨大人气，同时她也一直在努力施展着自己身为企业家的才能。这一时期，她把目光锁定在了布料的材质上。战争原因使得全世界的布料供应不足，香奈儿的工作室也没能幸免。店里的衣服销售飞快，可是做衣服的布料跟不上。

1915年冬，香奈儿听说布料大厂罗迪耶为了生产男士内裤采购了大量汗布，最终却导致了库存积压。汗布是对针脚比较细密的一类针织面料的统称，主要用于男性和儿童的内衣以及休闲服。罗迪耶公司本来打算用汗布代替经编丝绒织物，但后来因汗布质地太厚而无法使用。为了尽快处理掉库存，罗迪耶便以十分低廉的价格把汗布都卖给了香奈儿。这在双方看来都是一笔绝佳的交易。对于香奈儿来说，此前她就喜欢用汗布做些衣服自己穿，她也充分了解汗布的魅力所在，对用汗布做衣服信心满满。

果然不出香奈儿所料，用汗布做成的裙子和外套实用耐穿又便宜，一上市就大卖。由于生意实在太好，香奈儿不得不增开两间专门生产汗布衣物的工作室，并给它们分别起名为"香奈儿·针织物"和"香奈儿·薄纱"。

由于汗布这种面料价格适中，香奈儿的汗布系列几经模仿，逐渐成为成衣市场里人人都可以轻易买到的东西。这一年,美国的《时尚芭莎》杂志迅速对香奈儿汗布女装进行了介绍。第二年,它继续撰文称,"如果哪位女性连一套香奈儿衣服都没有的话,真可以说是已经过时得无可救药了""如今所有买手嘴边都挂着香奈儿的名字"。其他时尚杂志也纷纷发布了类似报道。

香奈儿凭借汗布系列名声大噪,当时在时尚界可以说是无人不知、无人不晓了。

1917年,香奈儿把头发剪短,再次更新了她在大众心中的形象。香奈儿自幼身材瘦小,虽然已经成年,但她的胸围和臀围迟迟还像未发育成熟的少女。一直以来,女性都以丰满为美,香奈儿剪短头发后,更是和这一标准相差甚远。不过,香奈儿小巧精致的脸庞配上时尚感十足的短发,再加上纤细的身材,使得她的脖子显得格外细长,一种特别的女性美也随之彰显出来。

香奈儿曾说："一个人的缺点也可以成为她的魅力所在，但大家都一味在想怎么掩盖缺点。其实只要能巧妙利用自己的缺点，没有什么是做不到的。"

香奈儿戴着一顶没有任何装饰的小礼帽，身上则是一套线条简单的汗布衣物，这样的装扮不知不觉就变成那个时代最时髦的风格。当时有许多女性纷纷赶至香奈儿的店里模仿香奈儿的打扮。

香奈儿晚年在接受电视台采访时，面对主持人"你把头发剪短，便掀起了一场革命"的发问，这样回答："我只是把自己的头发剪短了。人们看到后，也把头发剪短了，仅此而已。不过，正是因为我作出了改变，新的时尚才诞生了。"

第四章

基于需求,从零开始创造时尚

要说生活在20世纪的女性与之前女性的根本区别，便是她们真正地走出了"家庭"，并努力争取与男性平起平坐。至于香奈儿，其实她一开始并不是受所谓女性解放运动和女权主义思想的影响，而是作为孤儿一路走来，为了生存下去，不得不自食其力。

事实证明，香奈儿成功地通过服饰展现了自己的个性和风格，维护了自己的自尊。

后来，香奈儿在对保罗·莫朗解释她所创造的时尚时说："其实我设计的是运动装。我不是因为其他女性要做运动，而是因为我自己喜欢运动才做了这些衣服。我也不是为了创造时尚而选择外出，而是因为经常要外出，所以需要方便外出的服装款式。"

香奈儿强调:"时尚必须解决人的真正需求。"她还一个劲儿地让莫朗试着想象一位骑着自行车的少女,并说:"我的眼前总是浮现一位骑着自行车的少女的形象。她斜挎着包,一只手搭在自己因为骑车而不断上下的膝盖上,尽管她的衣服被风吹得卷起来一些,但它仍然完美贴合着她的腹部和胸部。在我看来,这位少女就是基于自身需求创造出了属于自己的时尚,就像鲁滨孙·克鲁索建造起了自己的小屋一样。"

基于需求,从零开始创造,这就是香奈儿。不过,从零开始创造有一个秘诀,那就是从男士时尚那里获得灵感。纵观香奈儿历来的创意,无论是套头衬衫、开襟衫,还是针织面料等,都是来源于当时的男装。

香奈儿在回忆过去时还曾说:"凡是需要

花很多钱的东西绝对不适合我。那时的我一直是一件羊皮大衣再加上一些简单的衣服,别无可换。"

职场女人香奈儿

事业方面一帆风顺的香奈儿,在情感方面却不怎么幸福。1918年,与香奈儿交往了8年的卡佩尔最终决定与出身英国上流社会的戴安娜·温德姆结婚。

听到卡佩尔亲口告诉自己这个决定时,香奈儿只能默默点头。一旦提到身份地位的问题,香奈儿唯有沉默。

此事过后,香奈儿对自由的向往和渴望越发强烈。她从小就希望能够"获得自由",这个愿望一直在支撑她坚强地活着。知道卡佩尔要离自己而去后,香奈儿的这一愿望便进而转变为一种强烈的信念:从出身、世俗、恋爱、制度、阶级等烦扰自己的一切中解脱出来,获得真正的自由。为了实现这一信念,香奈儿开始越来越专注于自己的事业。

成为艺术家的资助者

1919年,卡佩尔在驾车时不幸遭遇车祸离世,香奈儿悲痛万分。

将香奈儿从卡佩尔离世的创伤中拯救出来的是与她有着长达30年友谊的米西娅·塞特——香奈儿她唯一的女性朋友。

1920年,香奈儿受塞特夫妇邀请前往意大利旅行,这便是她重新振作起来的契机。香奈儿后来回忆说:"要是那时没有塞特夫妇,恐怕我已经傻乎乎地死掉了。"

对于第一次见到香奈儿时的印象,塞特这样描述:"1917年夏的某个夜里,我被邀请到当时红极一时的女演员塞西尔·索雷尔的家里用餐。餐桌上,我的目光被一位有着一头深棕色秀发的年轻女性吸引住了。她一句话也没说,却浑身散发着令人难以抵抗的魅力。"这位年轻的女性就是香奈儿,可见那时的她已经拥有非同寻常的气场了。塞特还说,自己当即就对香奈儿着了迷。

事后看来,香奈儿这个时候与塞特的相遇或许对她日后的人生起了决定性作用。假如香奈儿没有遇到塞特,那么即使她作为设计师和企业家取得了巨大的成功,她也绝不会有机会与科克托、毕加索、斯特拉文斯基、达基列夫这些"疯狂年代"的时代骄子高谈阔论,更不会一举成为20世纪时尚的象征。

塞特是波兰裔法国人，父亲是一位不得志的雕刻家。塞特并非贵族出身，她幼年时受尽父亲和继母之间各种争吵的折磨。亲戚们也都不愿意收养塞特，她后来是在修女院寄宿学校长大的。不难发现，塞特的这些经历与香奈儿的童年经历有一些共通之处。

塞特年轻时为了生计想成为一名钢琴家，但后来她因出众的美貌和要强的个性，幸运地成了雷诺阿、博纳尔、洛特雷克等当时法国知名艺术家们的模特，就连诗人魏尔伦、马拉美也都纷纷为她写诗。见过塞特的男人无一不被她迷得神魂颠倒，甚至说出了"幸福就是你陪在我身边"（画家爱德华·维亚尔）这样的话。

另外，塞特也是香奈儿的忠实粉丝，是香奈儿的最佳模特。没有哪位模特能够像塞特一样将毛衣、休闲服等穿搭得那么优雅，完美衬托出香奈儿时尚的魅力。

塞特还让香奈儿提供资金给那些怀才不遇、经济困难的艺术家，去资助艺术家开展各种艺术活动。当时在俄罗斯芭蕾舞团等多个领域都表现出非凡才能的制作人谢尔盖·达基列夫便是受到香奈儿资助的其中一人。当香奈儿得知达基列夫正为筹措传奇芭蕾舞蹈家瓦斯拉夫·尼金斯基的舞剧资金发愁时，她便造访了达基列夫所住的酒店，奉上一张远远超出他期望的现金支票。香奈儿还把自己的别墅无偿提供给达基列夫的家人居住，并负担他们的全部生活费用。无论在物质上还是在精神上，香奈儿都学着像塞特那样去全力支持一些艺术家。

香奈儿和塞特两人与不少后来广为世人所知的艺术家、作家和诗人建立了良好关系，他们之间的故事也被传为了佳话。而这些美谈不仅成功提高了香奈儿时尚的形象，也让香奈儿逐渐成为引领巴黎美学的女王。

一生唯一的女性朋友——塞特

香奈儿和塞特两人的关系不同于普通意义上的朋友。

塞特是一个无论何时都追求自我、个性十足的人,她也正是靠着这种特质吸引了不少性格相投的艺术家。这样的性格可以理解为强硬霸气,也可以说成虚伪无情、以自我为中心、狡猾多端。

不过,要说强硬霸气,香奈儿在这方面也毫不逊色。有人认为,她俩就是因为性格十分相似才建立起了深厚的友谊。但香奈儿和塞特的关系又并非普通女性朋友之间那般亲密无间。

香奈儿曾表达过对塞特的不满。画家维亚

尔一开始热烈追求塞特,但后来被她那反复无常的脾气折腾倦了。某次,维亚尔想给香奈儿画张肖像画,塞特知道后心生嫉妒,连忙和维亚尔重归于好,不让维亚尔为香奈儿作画。此外,塞特还在香奈儿和毕加索之间作梗,导致他们两人关系变得尴尬。然而,塞特事后带着一股傲气,云淡风轻地对香奈儿说:"我是为了不让你被可恶的毕加索伤害。"香奈儿听后,气急败坏地反问道:"你究竟凭什么这样做?"随后两人便开始争吵起来。据说类似的事件有很多。

对于自己和塞特的关系,香奈儿曾直白地表示:"我从心底里觉得塞特是爱我的。她每次见我都有一些不开心的事发生,却总忍不住要见我。"

不管是香奈儿还是塞特,她们的心里都住着一位"被父母抛弃、孤独又悲惨的少女",

她俩也十分清楚这一点。两人之所以都表现得那么强硬,为的就是不让对方在自己面前装腔作势,或者是为了考验对方待自己是否真心。

香奈儿说过:"塞特是我唯一的女性朋友,我和她的感情早就超越了友情。我与其他女人之间几乎没有什么友情可言,但塞特是个例外。为什么会这样呢?那是因为大多数女人实在无聊透顶。"

向俄国贵族学习"过犹不及"的审美观

在失去"此生唯一的恋人"卡佩尔后,为了从伤痛中走出来,香奈儿把全部的激情都放在了事业上,以十足的决心迎来了20世纪20年代。现在回头来看,接下来的这十年可谓香奈儿一生中最硕果累累、激动人心的一段时光。

香奈儿陆续推出了许多闻名时尚界的服装款式，对热衷于时尚的女性产生了巨大影响。此前，社交界里最受欢迎的女性装扮仍是装饰繁多、裹满全身的奢华连衣裙。与此相对，香奈儿推出了全新的女性时尚风格，纤细优雅的身材曲线，短发浓妆，一双大红唇，格外引人注目。在香奈儿的影响下，大家很快便开始觉得以前的社交打扮既俗气又老套。

香奈儿这个时期的一些设计作品后来逐渐成为20世纪各种时尚风格的基础。比如，剪裁得体的贴身夹克，宽松的女式长罩衫，修身针织上衣，便于行动的裹裙、百褶裙以及完美贴合身体的连衣裙等。为了满足顾客的需求，就连衣服上的纽扣和口袋等细节，香奈儿也精心调整和设计它们的位置和形状。这些元素慢慢成为香奈儿服饰的标准，并在这个时期确立了下来。

至于香奈儿是如何拼命工作的，曾有机会对香奈儿进行细致观察的作家柯莱特这样描述过她："香奈儿用她的双手，配合着别针、剪刀等工具，得心应手地一件接一件做着裙子。有时，她还会跪在自己的作品前面，把衣服拽得紧紧的，动作甚至有些粗暴。"

1920年初，香奈儿开始了一段新的恋情。这一年，37岁的香奈儿与一位小她10岁左右的男性相遇。这位就像是从好莱坞电影里走出来的身材苗条、风度翩翩的美男子，是俄国末代沙皇尼古拉二世的堂弟——德米特里大公。二月革命爆发后，沙皇逊位，德米特里大公逃亡到巴黎。

香奈儿与德米特里大公的亲密关系仅持续了一年，他俩在结束恋爱关系后仍然保持着朋友关系，直到德米特里大公去世。当时，香奈儿不光为德米特里大公提供了经济援助，还救济了他的友人。卡佩尔死后，香奈儿将自己的店搬到了如今的总店所在地康朋街31号，而新店里的门童和店员都是来自俄国的流亡贵族。他们举手投足都十分高雅，香奈儿的店面形象因此得到了极大提升。而且俄国贵族的礼仪及生活方式都在无形中支持了香奈儿一直以来的价值观——"过犹不及"，在自己的设计中融入这种哲学，香奈儿变得更加有信心。

此外，俄国贵族的穿衣风格也为香奈儿提供了许多设计上的灵感。比如，俄罗斯民族风的衬衫和女式长罩衫、带着精美刺绣的长款上衣，以及后来从巴黎发端、逐渐风靡世界的毛皮内胆大衣等。在俄罗斯，不少人为了度过严冬会在衣服里加上毛皮内胆，以求把毛皮的保暖作用发挥到最大。然而，毛皮这一元素经过香奈儿的设计，摇身一变成为雅致的巴黎女人风格。这和日本江户时代的有钱商人会把上等丝绸用在和服外褂的内侧一样,以此来彰显自己的内敛雅致。毕竟再贵重,毛皮也是为了保暖,而非用来向别人炫耀。香奈儿一直都认为,真正的奢华是深藏不露的。

另外,在香奈儿的设计时尚里还有一样必不可少的东西,其设计灵感也来源于俄国贵族,那便是人造珠宝首饰。

某次,德米特里大公送给香奈儿一件拜占庭风格的十字架首饰,香奈儿立即被它的美丽吸引了。她迸发出新的设计灵感,想在真品里掺入一些仿制部件来制作首饰。香奈儿的这种想法实际上也是在挑战那些钟爱珠宝的上流社会女性。

关于这一点,从香奈儿下面的这段话中也可以看出。她曾直截了当地表示:"珠宝就是戴在脖子上的现金支票。如果说珠宝是某种标志,那它只能是卑劣、虚伪和衰老的标志。即使一个女人佩戴着价值高昂的珠宝，也并不能代表她有内涵。"

最令人讽刺的是，在香奈儿推出将人造珍珠项链搭配华丽的胸针、手镯这一时尚风格后，上流社会女性竟都趋之若鹜。看着那些疯狂追逐时尚的女人，这时的香奈儿却戴着真宝石，满不在乎地说道："珠宝会对戴着它们的人予以适当的衬托。虽然我戴着许多珠宝，但只要它们戴在我的身上，在别人看来就全像是假货。"作为财富象征的珠宝，在香奈儿手上可以随意玩弄，她的自信实在是不得不令人佩服。

1924年，香奈儿开办了大批量生产人造珠宝的工厂。她比任何人都更早地将人造珠宝引入高级定制服装，进而让自己的时尚事业赚取更大的利润。

第五章

香奈儿 5 号香水

走在 20 世纪 20 年代时尚最前沿的香奈儿，终于在时尚界确立了不可撼动的地位。同时，她还不忘进一步探索将自己的事业做大做强的方法。一般来讲，艺术细胞丰富的设计师大都不怎么重视经营管理，香奈儿却十分罕见地将创造力和经营才能完美结合了起来。为了实现经营多样化，香奈儿开始进军香水市场。后来，经营香水也逐渐成为香奈儿一生中最重要的事业之一。

诗人保罗·瓦莱里曾说过"不喷香水的女人没有未来"，香奈儿把这句话当成自己的金句一样，反复在许多人面前提起。引领香奈儿进入香水世界的，正是前文提到过的德米特里大公。对于当时的法国人来说，一提到香水，他们就会想到俄国宫廷，因为香水最初就是由流亡到俄国的法国贵族带回来的。

某次，德米特里大公向香奈儿介绍了一位名叫埃内斯特·博的调香师。博来自法国南部的格拉斯市，是一名化学家，曾在俄国宫廷专门调制香水。没过多久，香奈儿便请博帮她调制一种"闻起来不像是男人送的，而是自己选的香水"。她还说："如果香水是自己选的，那么即便自己把上衣落在哪里，别人也会立即知道那是谁的东西。"

博是第一个想到使用醛这种化学物质来保持天然原料香气的稳定性、延长香气持续时间的人。在那之前，香水就是融合了一种或多种花香的东西，即使调制的浓度很高，其香气也极易挥发，很快便会消散。因此，人们往往会在宴会前喷上许多香水，以至于在落座准备就餐时浑身散发着强烈的香水味。

接到香奈儿的请求后,博试着在茉莉花、玫瑰花、栀子花、铃兰等花卉的萃取液基础上,混合草药、树木、麝香等野生动植物的香气,调制出了含有80多种成分的香水。他还将香水细分为两个组合,分别装进十支试管,并用1—5、20—24这十个数字编号,放在香奈儿的面前。最后,香奈儿不假思索地选择了5号。

至于个中原因,有几种不同的说法。有一种说法是,由于香奈儿每年发布新款裙子的时间是2月5日和8月5日,所以她就沿用了"5"这个数字。后来,香奈儿5号香水确实是在5月5日这一天问世。可见香奈儿把"5"视为她的幸运数字。

简洁的名称和新颖的瓶身设计

香奈儿最后毫不犹豫地选择了 5 号香水。她还将装有香水小样的玻璃瓶带到了戛纳最豪华的饭店,在那里开始施展她那"将微小的欲望化为财富"的出众商业才能。与博及其友人一同进餐时,只要有女性从餐桌旁经过,香奈儿便悄悄地给她们喷上香水。

后来,香奈儿告诉德莱:"一定要用香水来让自己显得更有魅力。"她还把香奈儿 5 号香水悄悄喷在自己每一间店的老主顾身上,并在开售前送香水小样给她们,让她们感到自己好像提前知道了香奈儿的秘密。

1921 年,香奈儿 38 岁时,香奈儿 5 号香水终于闪亮登场,一经推出便迅速俘获众多时尚女性的芳心。5 号香水大受欢迎不只在于它的香味,还得益于它那全新的瓶装设计。在此之前的香水不论是瓶身还是名称,都与曾经的时尚如出一辙,装饰十分烦琐,带着浓重的19世纪浪漫主义色彩。然而,香奈儿5号香水的瓶身设计像药瓶一样简单朴素,就连外包装也只是用白底黑字写着品名。后来,香奈儿5号香水的瓶子还作为艺术品从1959年开始在美国纽约的现代艺术博物馆(MoMA)展出;直到现在,我们还可以在馆内看到这件藏品。

作为时尚设计师发布一款用自己名字冠名的香水,香奈儿可谓第一人,这具有划时代的意义。现在,那些经常举办高级时装发布会的世界知名设计师,无一例外都经营着香水这一品类。而在香奈儿之前,一提到香水,大家能想到的只有娇兰、科蒂这些香水界巨头。

一款香水只要能够受到大众青睐,大量生产便可带来巨大利润,所以在服装业向重要产业转变之际,香水自然就成了不可或缺的产品。

一款附上设计师大名的香水,不用像衣服那样每季上新,便可作为一项固定收入来源。从那之后,香水逐渐成为不少时尚设计师的"铁饭碗"。

可以说,香奈儿5号香水开启了时尚设计师依靠香水实现盈利的时代,香奈儿对时代潮流的高瞻远瞩由此也可见一斑。

维德摩尔与香奈儿香水

5号香水上市大约3年后,香奈儿认识了巴黎知名高档百货商店老佛爷百货的创始人泰奥菲勒·巴德尔,因为她想把5号香水摆到百货商店柜台里售卖。慧眼识珠的巴德尔立马就看到了香奈儿5号香水的商业价值,但他认为,如果想要将这款香水从香奈儿的服装店搬到老佛爷百货来卖，仅凭埃内斯特·博在实验室里进行的小批量生产是远远不够的。这时巴德尔想到了经营着法国著名香水公司、在香水界无人不晓的维德摩尔家族。于是巴德尔把香奈儿带到了多维尔的一家赛马场，因为维德摩尔家族在这里有一处宽敞的马厩。在巴德尔的介绍下，香奈儿认识了皮埃尔·维德摩尔。

维德摩尔家族为犹太裔，发源于中世纪的德国，其财富之多堪比金融界赫赫有名的罗斯柴尔德家族。他们收购了19世纪生产舞台化妆品的妙巴黎公司，并成功将其扩大为生产化妆品和香水的公司。

维德摩尔家族最终决定支持香奈儿。而成为香奈儿的品牌制造商，为维德摩尔家族的产业开辟了新的商业空间，也让该家族进一步巩固了其商业地位和发展根基。

1924年，负责生产香奈儿5号香水的新公司"香奈儿香水"成立。香奈儿持股10%，维德摩尔家族持股70%，剩下的20%股份则由巴德尔持有（其全部股份后来被维德摩尔家族收购）。

成立后没过多久，香奈儿香水公司便迅速成长为一家除了香奈儿5号香水，还经营着各类化妆品及化妆周边用品的大公司。而在香奈儿和维德摩尔家族之间，围绕着金钱的争执此起彼伏，从未停歇。香奈儿坚持要求更多的分红，却屡屡遭到维德摩尔家族的拒绝。双方对抗的激烈程度堪比中世纪欧洲著名的美第奇家族当时连绵不绝的内部纷争。

有一段时间，维德摩尔甚至不得不请来专门对付香奈儿的律师。某位律师表示，他曾从香奈儿口中听到如下咒骂："那个男人就是个间谍，他的所作所为没有一件是为了香奈儿香水着想，却还总表现得八面玲珑。终有一天，我要指着他的鼻子对他说：'我知道你是个小人，想知道为什么吗?因为我也是个小人。'"

合作伙伴的一句话拯救了香奈儿

香奈儿与维德摩尔之间的争执一直持续了30多年,最终达成了和解。因为相较于利害关系,他们都更看重香奈儿5号香水的发展,更重要的是,他们对对方的工作都怀有崇高的敬意。关于这一点,还有一段不得不提的小插曲。

请先回忆一下引言里曾提到的香奈儿复出的发布会。当时,法国大小媒体都无情地进行了诸如"香奈儿的时代已经结束"之类的报道,似乎香奈儿已经到了穷途末路的境地。然而,就在发布会的第二天,维德摩尔竟独自一人来到香奈儿的工作室。

尽管维德摩尔与香奈儿争斗不休,但他还

是打心眼佩服香奈儿的才华，所以之前才不顾公司其他高层的反对，为香奈儿的发布会提供了高额资助。发布会最后被批得一无是处，就连他自己也开始担心这次失败会不会影响到香水和化妆品的销量。

那天，在康朋街上的试样间里，长期受风湿折磨、手指早已不再利索的香奈儿仍在工作着。面对只身前来的维德摩尔，香奈儿只说了一句她想说的话："我必须继续工作，因为还没有结束。"除此之外，没有什么"感谢为自己提供资金""发布会失败真是抱歉"之类的话，甚至连一丁点儿的泄气话都没有。

后来围绕这件事，法国记者皮埃尔·加兰特还找了一些相关人士进行访谈。据他所言，那天维德摩尔什么都没说，一直坐在香奈儿身旁，凝视着拼命工作的她。直到过了许多个小时，天黑了又亮，香奈儿的那双手怎么也不听使唤之后,维德摩尔才把香奈儿送回了她住的丽兹酒店。

在酒店的入口处,香奈儿还信誓旦旦地对他说:"我还可以继续,大家最后一定会懂的。"看着这样的香奈儿,维德摩尔只回答了一句:"你说得没错,你应该继续。"听了这话,正在通过旋转门的香奈儿回过头来,第一次向她的合作伙伴轻声说了两个字:"谢谢。"

第六章

香奈儿小黑裙问世

1926年,43岁的香奈儿发布了一款名为"小黑裙"的长袖连衣裙。这款裙子采用双绉面料(一种类似中国绉绸的丝绉织物,特点是颜色深邃,同时透出高雅的光泽),风格简单利索,完美贴合女性的身体曲线。

小黑裙一经推出,时尚杂志 *ELLE* 便评价为,"香奈儿仅凭这一件衣服便可名垂青史";*VOGUE* 杂志美国版更是盛赞小黑裙为"具有革命性的衣服"。

香奈儿十分大胆地将裙子设计为全黑。要知道,此前在时尚界,服装配色五颜六色,而黑色一直被认为是丧服专用色。在香奈儿打破这一惯例后,黑色便成为无论什么场合穿都不会出错，相反还能凸显个人品位的颜色，因而至今仍是巴黎时尚的基本色调。

其实在小黑裙发布之前，香奈儿就已经对黑色情有独钟了。有人说香奈儿的这个情结应该是从她因卡佩尔突然去世而身穿丧服时开始的，还有人说香奈儿少女时期经常凝望欧巴济讷孤儿院的黑色屋檐，她从那时起便莫名喜欢上了黑色。

不过，香奈儿后来是这样告诉作家保罗·莫朗的："我从1920年左右开始考虑设计全黑的衣服。那时，每当我坐在巴黎歌剧院的包厢里，从后往前眺望观众席时，我都会感到很不舒服。因为在保罗·普瓦雷的时尚风格影响下，当时有许多人都穿得五颜六色、花里胡哨。"从那个时候起，香奈儿便暗下决心："这些颜色怎么能用在衣服上呢，我一定要让大家都穿上黑色看看！"香奈儿果真做到了，她自信地表示："我就是这样让黑色流行起来的。黑色比其他任何颜色都好看，黑色可以战胜一切。"

然而，香奈儿小黑裙在广受欢迎的同时，也遭受到了一些无情的讽刺。比如，有男性设计师批判道："无论是胸部还是腹部都太扁平、太单调了，也看不出女性的臀部曲线。还有裙子的长度，看来只能由我们来负责剪短了。"然而，那时的女性已经能决定自己的审美不再交由男性来决定。

小黑裙问世之时，正值装饰风艺术在美术、建筑、家具等领域兴起。装饰风艺术追求简洁合理，以几何线条和平涂图案为典型特点。它与香奈儿小黑裙共同标志着保罗·普瓦雷的时代完全终结。这样看来，香奈儿对于时代潮流趋势的捕捉能力实在无人能及。她还极具战略眼光，能够用自己的作品和创意为人们的时尚文化乃至生活方式开辟新世界，是一位凭借自身实力征服了世人的天才。

1925年，巴黎举办世界博览会，香奈儿的小黑裙不出意外地席卷了当时的时尚分会场。用雪纺和绸缎做成的全黑连衣裙没有任何装饰，但只需搭配上一些首饰，便可展现出香奈儿的设计风格。尽管普瓦雷讽刺该风格为"奢华的贫穷"，但他与香奈儿之间孰胜孰败已经显而易见。在小黑裙出现后，普瓦雷那种过分强调女人味、华丽而又浮夸的风格很快便失去了人气。

"香奈儿的福特车"——一条可以量产的裙子

小黑裙革命性的特点还体现在其前所未有

的大众性，也就是说，任何女性都可以穿上它。*VOGUE* 杂志甚至还用了"香奈儿的福特车"来形容小黑裙的流行程度。

当初，汽车大王亨利·福特成功降低了汽车的生产成本，使得汽车不再是价格昂贵到普通人望尘莫及的奢侈品。为了能够大批量生产，福特尽量精简了车体设计，从而有了如今普通汽车的原型——福特T型车。1908年，价格低廉的T型车一经发售，销量便出现爆发式增长，许多美国人也因为T型车的出现而得以开始享受有车的生活。

简便的福特车和香奈儿小黑裙不仅在颜色、外形等方面理念基本一致，两者在批量生产这一点上也是相通的。*VOGUE* 杂志在报道中特地强调了它们的这些共同点："由于同样的标志代表着同样的外形，所以可能会纠结要不要买。但消费者其实错了，正是因为相似，才能更加凸显品位。"此外,文章还以一副毋庸置疑的语气评价小黑裙为"香奈儿签过名的福特车"。

香奈儿一贯主张"做得好的衣服不论谁穿都是合适的"。在 VOGUE 杂志看来,这其实也会导致别人模仿抄袭的情况出现。然而,香奈儿与其他设计师不一样,完全不担心被别人抄袭,她甚至还说:"当自己的创意经他人之手被实现时,我反而会更开心。"

香奈儿真的就对自己的才华这么有信心吗?关于这一点,还有下面一个小故事。

某次,香奈儿出席一个聚会。到了会场后,她发现竟然有 17 个人身上穿的都是假的香奈儿裙子,没有一条真正出自香奈儿的店里。达布鲁伯爵夫人还专门告诉香奈儿说:"我的衣服就是在你的店里做的呢。"但香奈儿知道她在说谎。

相比之下,拉·罗什富科伯爵夫人就要诚

实许多。她悄悄告诉香奈儿的男伴说:"今晚我可不能见到香奈儿,因为我的这条裙子并不是从她店里买的。"谁知这话还是被香奈儿偶然听到了,她却自嘲道:"其实我都不知道自己现在穿的裙子是不是我店里的东西了。"

如此看来,香奈儿何止是根本不害怕被抄袭,简直可以说是因为被抄袭而感到开心。她还以拉辛、莫里哀等法国著名剧作家为例说:"你看这些剧作家,他们的作品经常被引用,但他们可从来没有起诉过别人抄袭。现在的我其实和他们面临的是同样的情况。"香奈儿认为被抄袭模仿也是成功的一大标志,她还说过:"要把被抄袭这件事视为别人对自己的赞美和爱慕。"

故事讲到这里,我们可以发现,香奈儿已不再只是一名频繁被 *VOGUE* 杂志介绍的设计师,已然成为一位受到世人瞩目的顶级设计师。

一个职场女人为万千职场女性设计的手袋

1926年11月，*VOGUE*杂志刊登了一篇题为"专为职场女性打造的雅致时尚指南"的特别报道。文章指出："对于职业女性来说，黑色双绉已然成为经典选择，香奈儿小黑裙也早已跻身时尚必备单品之列。"

当期杂志还介绍了一些与"香奈儿日穿黑色连衣裙"款式相同、细节有所变化的衣服："它们也可以在非正式的晚餐等场合穿着。另外，还有采用了丝绒面料，颜色为石榴红或星光宝蓝等其他版本。"由此可见，这款裙子在改用了其他面料和颜色后，仍然人气不减。这也足以说明，问世刚满一年的小黑裙已完全成为女装时尚中的热门产品。

除了小黑裙，还有一件也是在20世纪20年代登场的单品，同样掀起了一场时尚革命。

那就是香奈儿肩挎式手袋。这款手袋淋漓尽致地展现了香奈儿"实用优雅"的时尚精髓,即使将它放到香奈儿的众多设计杰作当中来看,也称得上是格外出色的作品。

对于肩挎式手袋,现在大家可能并不觉得稀奇,殊不知它起初是为了便于士兵在战场上装各种杂物。那么它又如何摇身一变成为适合女性使用的优雅物件呢?这多亏了香奈儿,她作为一位女性,每天都在使用肩挎式手袋。

从香奈儿手袋中,我们同样可以看到香奈儿一以贯之的设计理念——"一个职场女人为万千职场女性创造时尚"。设计者和使用者同为职场女性,这一点恰恰切中了香奈儿的强项。

如果没有肩带,使用手袋时如果还想做点其他事情,就会出现各种不便。

好在有了香奈儿手袋,女性就能从一只手必须被占用的限制中解脱出来。而且香奈儿在手袋的肩带部分还缠上了链条，整个手袋立马充满了优雅的女人味。

虽然香奈儿的这款手袋在1929年就已面世，但直到1955年才真正开始投入生产。

经过一番精心打磨后，全新的香奈儿手袋终于闪亮登场。它的最大特点在于不会被轻易打开。手袋内侧的用色大胆地采用了石榴红，象征着手袋主人内心洋溢着热情。人们在打开手袋的一瞬间，便会感到自己的秘密好像就藏在那美丽的红色之中。正因为如此，香奈儿手袋一经推出便好评如潮。

另外，为了能让使用者可以装下更多东西，香奈儿还特地在不破坏手袋外形的前提下设计了许多内袋，其中还有可以刚好装进香奈儿口红的管状内袋。令人印象深刻的还有手袋的金属纽扣上装饰着由可可·香奈儿（Coco Chanel）两个英文首字母组成的双C标志。

就像是画家在完成一幅作品后会签上自己的名字一样，香奈儿在她设计的作品中加入了自己名字的首字母。在香奈儿之前从没有人这样做过，而在香奈儿手袋出现后，几乎所有的设计师都开始尝试将自己的专属标志融入自己的作品之中，以此来凸显商品价值，也进一步激起消费者的购买欲望。可以说，大众对于一些特定品牌的执着就是从这个时候开始的，所以若是从这个角度来讲，香奈儿手袋也绝对称得上是象征着20世纪的一件单品。

在香奈儿手袋发布的前一年，即1928年，香奈儿重新装修了她在巴黎康朋街31号的店铺，这里现在还是香奈儿总店的所在地。除了采用当时已经十分普遍的装潢方式，即在室内墙壁上安装镜子来扩大视觉空间，香奈儿还进一步借助天花板的反射光线使店面显得更加宽敞明亮。但除了镜子，香奈儿没有再添加任何其他装饰。重新装修后的香奈儿门店以黑色和米色这两大香奈儿经典色为基调,风格简单雅致,引领了后来的装饰风艺术潮流。不得不说,即使是在店铺风格设计方面,香奈儿也具有领先于时代的独到眼光。

如今,香奈儿的分店已遍布世界各大主要城市,如纽约、伦敦、东京、柏林等地,但无论哪一家分店,其装修风格都与总店保持着高度统一。

第七章

威斯敏斯特公爵和香奈儿的时尚精髓

在香奈儿的一生中，浪漫情缘数不胜数，但要说其中身份地位最高贵，又同时给香奈儿的事业带去最多灵感的恋爱对象，那就非威斯敏斯特公爵莫属了。威斯敏斯特公爵是英国贵族，其家族历史可追溯至公元 10 世纪，是英国数一数二的名门望族，其财力在当时欧洲范围内无人能敌。

1923 年圣诞节，40 岁的香奈儿在蒙特卡洛与比自己大 4 岁的威斯敏斯特公爵相遇。

在蒙特卡洛，公爵邀请香奈儿出席在他的游艇上举办的聚会。尽管那是两人第一次见面，但在一起喝酒跳舞的过程中，公爵的心被香奈儿俘获了。他们约定于春天的复活节再次相会。

对于公爵来说，香奈儿无论从哪个角度来看都是新鲜的存在，与他之前认识的所有女人完全不一样。香奈儿有自己的事业，并且靠着她的事业获得了自由。对此，香奈儿也十分清楚："为什么威斯敏斯特公爵会喜欢和我在一起？那是因为我不会给他设下什么陷阱。"

时尚的精髓

1926—1931 年，香奈儿打造的流行时尚带有非常明显的英伦风。从作为英国传统文化代言人的威斯敏斯特公爵那里，香奈儿获得了不少灵感。

伊顿庄园佣人身上的条纹服、船员身上带有金色纽扣的上衣，还有英国贵族们穿的夹克衫等，从这些极具英伦风的服装中，香奈儿得到了许多新的设计灵感：外形硬朗的夹克衫、粗条纹的长袖衬衫、运动外套以及毛呢开襟西装等。香奈儿用从苏格兰的纺织工厂订购的毛呢布料做了一些裙子和夹克，每一件成品都外形美观、手感舒适，充分体现出香奈儿的特色。直到今天，这些单品仍在跟随时代不断创新升级，全球各地的女性一直对它们爱不释手。

某年春天，威斯敏斯特公爵名下一艘"凌霄号"游船停靠在了戛纳的码头边。蔚蓝的地中海泛着层层微光，像是撒满了亮晶晶的钻石。在那绚烂夺目的光辉里，威斯敏斯特公爵和香奈儿这对恋人从船上走了下来。

威斯敏斯特公爵身上穿着带有金色纽扣的宝蓝色外套，戴着一顶白色帽子。紧随其后的香奈儿，上下身分别穿着海魂衫和喇叭裤，外面披了一件藏蓝色开襟衫，打扮十分时髦。再加上一身日光浴后的小麦肤色，香奈儿整个人也显得更加年轻健康。以前，晒得黝黑的皮肤曾被视为贫穷的象征，这个时候却开始被视为特权阶层享受度假的标志。

英国贵族有穿着毛衣的习惯，香奈儿也将这一元素纳入自己的设计之中，只不过通过搭配宝石来显示香奈儿的个人特色。

某次午餐会上，塞特只穿了一件简单的克什米尔羊绒毛衣，上面戴着一串连续缠了三圈的钻石项链。客人们看到塞特这身打扮都感到十分震惊，即使戴着非同寻常的宝石，穿着像毛衣这样的日常便服参加午餐会，在贵族们看来也是不可理喻的。然而，塞特的这身装束后来迅速得到了众多名媛的支持。

塞特的这一造型当然出自香奈儿之手。香奈儿通过威斯敏斯特公爵领悟到，奢华的真谛在于不经意间的体现。她成功地将奢华融入自己的时尚风格之中，并将之展现在众人眼前。

"威斯敏斯特公爵就是优雅的代名词。他从不会追逐时尚。25年间,他一直都穿着同样的上衣。有时,我还必须为他去买新的鞋子。"

VOGUE 杂志英国版在1927年6月刊上以"香奈儿进驻伦敦"这样的标题报道了那年夏天时尚界的头条新闻,同时还配上了四件香奈儿礼服的插图。这四件衣服的设计灵感都来源于英国上流社会女性外出时爱穿的衣服,其中有两件采用了白色塔夫绸面料(有光泽、弹性好的一种面料),简单低调,专为刚踏入社交界的年轻女性准备;还有两件是为了去阿斯科特赛马场而准备的日礼服,一件是用了蕾丝的小黑裙,另一件是带有蓝色圆点图案的真丝裙。

VOGUE 杂志还在文章中写道:"法国众多伟大设计师中最受欢迎的一位——香奈儿终于来到了伦敦。香奈儿的新店十分精致漂亮,墙壁上贴着壁板,地板采用镶木工艺,到处透着一种安妮公主式的风格。店里的服装模特道具一个个都像百合花一样优雅而苗条，为我们展示着香奈儿服装的各种最新款式。"字里行间流露出无限的赞美和欢迎。

重现欧巴济讷孤儿院之景的别墅

香奈儿在幼年时被迫离开故乡，还失去了父母，她却凭借着自己的才能、热情以及野心获得了巨大成功。40多岁时，跻身世界名人之列的香奈儿还在法国南部滨海的里维埃拉建了一栋别墅并取名为"休憩"（La Pausa）。

和世界上其他任何地方相比，只有这里最让香奈儿感到放松，让她那孤独的心灵得到慰藉，也让香奈儿可以追忆过去。对于这个地方，香奈儿付出了非常特别的感情。

有人说香奈儿本人对南法的度假文化很感兴趣,还有人说她就是该文化的代言人,但这些说法其实都不对。实际上,香奈儿是从一些文化先锋的身上迅速捕捉到个中精髓,然后又立即将之运用到自己的时尚风格中去。

　　里维埃拉面朝地中海,有着绝美的景致。香奈儿依照自己的想法,对设计师提出了许多要求。负责别墅设计的建筑师罗伯特·斯特赖茨当时年仅28岁,香奈儿让他在别墅的门厅处设计一段台阶,必须与她小时候待过的欧巴济讷孤儿院的巨大石阶一模一样。为此,香奈儿让斯特赖茨去孤儿院实地考察,仔细研究当时保留下来的台阶,以便在她的别墅里重现。此外,为了让这栋新建的别墅看起来古色古香,香奈儿用在屋顶上的2万多片瓦都是纯手工制作的,她还要求新买来的百叶窗必须有风吹日晒过的感觉。

别墅修建期间,香奈儿在事业方面已经忙得不可开交,但她每个月还是会专门抽出一天,从巴黎马不停蹄地赶到施工现场,事无巨细地向斯特赖茨等人交代工作,然后再当天返回巴黎。香奈儿是个追求完美又从不妥协的人,她和现场工作人员经常会发生各种摩擦。也正因为如此,斯特赖茨每次和香奈儿见面后,都会加快工作进度,争取更快完工。一位建筑从业者在表达他对香奈儿的看法时,只是十分隐晦地说了一句:"香奈儿小姐的所有要求都一清二楚。"

落成后的别墅没有辜负香奈儿的期待,在南法度假胜地那清一色的豪华别墅里,唯有她的别墅散发着浓厚的乡村气息,格外引人注目。从外面看起来,香奈儿的别墅就像是一间古朴的修道院,罗马式的建筑似乎是从中世纪保留下来的。

在简单而又洁净的别墅庭院里,有在南法地区的修道院里经常会看到的风景——薰衣草花田和橘子果园。另外,院子里还种着20棵橄榄树,仿佛象征着一种亘古不变的存在。

别墅建立在香奈儿对于过去的种种回忆之上,它也代表着一种对于未来的祝福。它本身就像一道哲学命题,让人们从对"奢华究竟是什么"的思考中体味到蕴含其中的香奈儿时尚精髓。

第八章

香奈儿白裙与进军好莱坞

如果说小黑裙是20世纪20年代的时尚大事件之一,那么与之相对,20世纪30年代初"香奈儿白裙"则是那个时代的代表作品。

关于这条裙子,香奈儿曾告诉保罗·莫朗说:"女人们在穿衣打扮上总是对每个颜色都跃跃欲试,却唯独不去思考如何从五颜六色中脱离出来。我早就说过,黑色可以战胜其他任何颜色,其实白色亦然。它们的美无懈可击,绝对和谐。在舞会上,身穿黑色或白色的人永远会是焦点。"

事实也确实如此,一身白的香奈儿不管走到哪里,总会成为大家关注的焦点。如果想更加一目了然,只需翻看1929年之后一些高端杂志的社交版面,香奈儿的各种装扮便会告诉我们一切。

比如,1931年初,香奈儿和一些时尚界同行走在威尼斯的利多岛上,她穿着白色沙滩裤,戴着手镯,打扮得轻松随意。之后,在"休憩"别墅的网球场里,香奈儿头戴一顶帽子,一身全白的运动服。到了1930年,在地中海的一艘游船上,香奈儿又是一身白裙,外面披了件外套。在巴黎和蒙特卡洛的各种聚会和舞会上,香奈儿都是一条白色缎裙,再配以一条闪耀的珍珠项链。渐渐地,许多女士在去一些社交场所时也开始身着白色晚礼服了。

香奈儿深知,白色可以给人带来强烈的视觉冲击力。香奈儿告诉莫朗:"我喜欢全白的耳环戴在被晒成小麦色的耳垂上的那种感觉。"因此,在她的努力下,"小麦肤色再加上白色服装"的时尚风格在里维埃拉得以流行开来,她自己也非常喜欢那样的打扮。

香奈儿还谈到了自己对于那些在利多岛上享受海水浴的美国小姑娘的看法:"如果她们戴上珍珠项链,那该有多美啊。或者只是把珠宝戴在自己被晒黑的皮肤上,也会让人变得更加光彩夺目吧。"

对于香奈儿来说,白色并非一种毫无生机的颜色。相反,正因为它的无处不在,才让它拥有了绝对的存在感。

1929 年,美国华尔街股市暴跌,由此引发的经济危机对许多国家都造成了沉重打击,全球经济一片低迷,香奈儿的事业却在 20 世纪 30 年代得到了腾飞。这一年,美国杂志《纽约客》驻巴黎特约记者报道了人们穿着香奈儿白裙参加聚会的情景,并认为这一景象"展现了真正的时代精神"。另外,该记者还热情赞美了诗人让·科克托在由已故罗马教皇利奥十三世的侄女主办的"白色舞会"上的那一身装扮。科克托戴着白色石膏面具和假发,身上穿着的也是香奈儿白裙。当时,香奈儿的白色系列仿佛就是对悄然而至的经济萧条的一种无声抗议。

在香奈儿 1933 年以白色为主打色的春季系列发布后,*VOGUE* 杂志法国版对其赞不绝口:"整个康朋街都散发出强烈的春天气息。这是香奈儿首次将其所有白色作品放在一个系列里集中呈现,她对白色进行了全新的演绎。一走进香奈儿的发布会现场,就好像突然置身于诺曼底果园的一片白色苹果花之中。"

进军好莱坞

香奈儿的这股"白色旋风"吹散了人们心中因全球经济萧条而生的阴霾。接下来,香奈儿又乘势开始挑战新的领域——进军好莱坞。

1931年,48岁的香奈儿决定接受知名好莱坞电影制作人塞缪尔·高德温之前的一个工作邀请——负责好莱坞影星的服装设计。在合约中,高德温给香奈儿开出的酬劳十分丰厚。

关于两人的相识和合作,后来曾采访过高德温的美国某大众杂志记者这样描述道:"一切都缘起于蒙特卡洛。在那里,德米特里大公将香奈儿品牌的创始人加布丽埃勒·香奈儿小姐介绍给了电影界巨擘塞缪尔·高德温。然后,两人便愉快地交谈起来,还不忘相互赞美。更重要的是,高德温的突发奇想最终促成了他与香奈儿的跨界合作,香奈儿同意到好莱坞参与电影服装的设计。这对双方来说其实都是一场实验,同时也是一场价值百万美金的赌博。"

在塞特的陪伴下,香奈儿渡过大西洋来到纽约。高德温热情欢迎香奈儿的到来,以他为代表的美国电影界都非常期待香奈儿的到来。在从纽约开往洛杉矶的白色特别列车里,迎接香奈儿的不仅有法国产的香槟和鱼子酱,还有准备盛大报道香奈儿进军好莱坞的各路记者,他们几乎挤满了其他所有车厢。

当列车抵达终点,香奈儿从白色车厢走下月台时,站在人群最前面迎接她的是好莱坞当红女星葛丽泰·嘉宝。然后,第二天早上,美国所有报纸的大标题上都写着"女王与女王之间的会晤"。

当时,葛丽泰·嘉宝见到香奈儿,开口第一句便是"如果没有你,就没有穿着雨衣、戴着平顶硬草帽的我了",以此对香奈儿表示了热烈欢迎。

香奈儿在好莱坞待了近两年时间,总共负责了3部电影的服装设计。和在康朋街的工作室时一样,香奈儿对待工作仍然一丝不苟,坚持完美主义。她对裁缝们时而斥责时而鼓励，当工作进展不如意时，她还会发脾气。就连对好莱坞的女星们，她也丝毫不会客气。

关于香奈儿在好莱坞的故事，女演员格洛丽亚·斯旺森在其自传里这样回忆道："快50岁的可可·香奈儿女士个儿头不大，脾气却很火爆。当看到我为了将自己塞进6周前刚量好尺寸的裙子里而累得满头大汗时，香奈儿戴着帽子恶狠狠地瞪了我好几眼。……后来，香奈儿又不容分说地命令我'脱掉收腹裤，立即减掉5斤体重'。她不耐烦地嚷道：'试样期间你可没有胖或瘦的权利！明天请再来，我们一起把黑貂领子的晚礼服给做出来。记住，5斤！'最后，她还不忘加上一句，'不许讨价还价'。"

虽然香奈儿负责的几部电影都因服装设计之精美而得到不少专业人士的高度评价，它们在普通大众那里却反应平平，对票房收入的贡献也十分有限。在先前大张旗鼓的宣传和欢迎之后，香奈儿最终还是离开了美国。据《纽约客》杂志报道，某知名电影人表示了对于香奈儿的不满："香奈儿的裙子不够华丽，只能原原本本地表现出单一的女性之美。然而在好莱坞，大家都恨不得让一个女人同时拥有多重魅力。"

尽管如此，好莱坞的这段经历对香奈儿来说还是收获颇丰的。高德温遵守合约，给她支付了巨额酬金。美国杂志《名利场》也对香奈儿予以了高度评价，并将她列入1931年的"名人堂"。关于香奈儿入选的理由，该杂志用下面一段话言简意赅地作了说明。

"因为香奈儿是将现代主义原则运用在服装设计当中的第一人，因为她可以与法国最有名的一群男人谈笑风生，因为她拥有敏锐的商业判断力、异想天开的创意以及对于艺术的诚挚热情。当然，还因为她来到美国，在好莱坞作出了精彩绝伦的尝试,为好莱坞带来了雅致时尚。"

对抗低迷时代的钻石珠宝展

1932年11月,大萧条的余威波及巴黎。就在这个时候,香奈儿却向她的顾客寄出了邀请函,邀请大家来参加由她设计的钻石珠宝的发布会。

明明经济不景气,为什么偏偏挑这个时候发布钻石珠宝,而且设计者还是20世纪20年代靠着人造珠宝首饰名扬天下的香奈儿?想来香奈儿的粉丝和客人当时也非常疑惑吧。在邀请函的引言部分,香奈儿作出了如下宣言:"在这个大家对一切真实存在都越来越看重的时代,唯有珍贵的钻石才是我们应该选择去关注的。"

在戒备森严的展览现场，无数钻石珠宝都像沉睡的森林精灵被安放在玻璃展台里，件件极尽奢华，令人目不暇接。有的手镯仿佛是一只宽松的衣服袖口，还有的项链可以从脖子一直延伸到肩膀处，就像是无数的星星在闪闪发光。

更让人惊叹的是，香奈儿匠心独运，将这些珠宝都打造成了可拆解的首饰。通过细小部件之间的组合，冕状头饰可以变成手镯，耳环可以变成胸针，甚至还可以用来作为吊袜带。在香奈儿的创意改造下，原本奢华、传统又保守的钻石珠宝得以进化升级。

这次的钻石珠宝展如此别具一格，它的消息自然很快传遍了欧美各国。尽管当时美国正饱受经济大萧条的折磨，但美国的报纸也报道了这一消息。当时的经济越来越不景气，钻石展的报道反而成了人们的一味"安慰剂"。

展览过后的第3天,伦敦证交所钻石企业的股价飙升了20%。

在经济不景气时,香奈儿引导人们将目光投向"拥有最小体积和最大价值"的钻石。而之前在经济繁荣时,她却采取完全相反的战略,打着"在奢华遍地的时代,我们不能露出一丝傲慢"的旗号,专门售卖一些带有廉价感的玻璃首饰。由此可见,香奈儿的眼光多么独到。

要说对于时代走向的洞察,没人能比香奈儿更加敏锐。借助首饰来展示自己的才华、成就以及地位,这样的做法对香奈儿来说也已经不是第一次了。她曾经满不在乎地打破穿衣传统,身着简单朴素的花呢套装或羊毛针织衫,却戴着珍贵的珍珠和绿宝石。后来,上流社会的女性也纷纷开始效仿香奈儿的打扮。

作家塞西尔·比顿在其《时尚的明镜》中就这样评论道:"香奈儿的非同寻常之处在于她

创造了一种'简洁而又精彩的时尚'。"

"女人们被迫褪下华服，换以经编针织衣物，还有短裙或朴素的连衣裙。当女人们都打扮得像送电报的少年而失去时髦感之后，香奈儿才开始尝试为她们戴上人造珠宝首饰、大颗粒的绿宝石和红宝石以及一串串的珍珠项链。"

若还要补充一点的话，那就是香奈儿还雇了一些贵族来做珠宝匠人。从中不难发现，香奈儿其实想借助珠宝来炫耀其影响力之巨大，就像当年在总店里雇用来自俄国的流亡贵族一样。

靠着以上这些努力，香奈儿这位"乡下姑娘"终于成功飞越了横亘在她与欧洲上流社会之间的那道阶级高墙。

年轻对手的出现与罢工问题

这个时期，香奈儿无论是作为设计师还是作为女性，都受到了来自大众的无限赞美。她在时代美学方面的造诣，更是无人能及。尽管香奈儿此时已经年过半百，但她仍然保持着苗条的身材和优雅的气质，完全不像一位中年妇女。摄影家们争相为她拍摄肖像照，而照片里的她怎么看都像只有30多岁。只要香奈儿出现在公众面前，她全身上下一定都是最高级的装束，形象上绝对无可挑剔。香奈儿曾十分自信地表示："女人20岁时的容颜是拜上天所赐，30岁时的容颜会刻上各自生活的痕迹，50岁时的容颜则会体现出自己的价值。"

不过，时代总是在不断变化，新的时代潮流又逐渐向香奈儿涌来。

首先，是新对手的出现。自从保罗·普瓦

雷走下神坛后，在很长一段时间里，香奈儿都独霸法国时尚界。但随着一位名叫埃尔莎·夏帕瑞丽（昵称夏帕）的意大利设计师在巴黎异军突起，香奈儿的时尚霸主地位受到了威胁。

夏帕瑞丽以其先锋前卫的设计在年轻人中备受欢迎。20世纪30年代中期，一些主要的时尚杂志都隆重介绍了她的作品。色彩亮丽、风格大胆是其设计的突出特点。夏帕瑞丽的作品大都装饰华丽，或加入中国元素，或模仿军装，或让人联想到马戏团，非常吸人眼球，但这与香奈儿一直信奉的简单雅致理念恰恰水火不相容。

夏帕瑞丽开在巴黎旺多姆广场的夏帕店受到了不少时髦人士的青睐，这无疑对香奈儿的地位构成了挑战。

在挑战对手之外，罢工问题也是这个时期香奈儿的一大烦恼。20世纪30年代中后期，法国国内政局动荡,再加上因经济危机引发的失业问题迟迟得不到解决,狂热的左翼和右翼势力不断抬头,整个社会笼罩在深深的不安之中。

从工业、公共事业到纺织业和零售业等领域,罢工运动愈演愈烈。各行各业的工人都在积极伸张权利,强烈要求改善工作环境、提高工资薪酬及允许建立工会等。香奈儿的公司也不例外,同样面临着严峻的罢工问题。

一直以来,香奈儿靠着自己对于时代变化的敏锐洞察力以及迅速的响应能力,始终走在时尚最前沿。然而,在罢工的问题上,她从未对工人表示过理解和同情。虽然香奈儿同样出身贫苦,但她对工人罢工感到不满,大概是因为她觉得:"我是拼了命才取得今天的成就,可从没有打着工人权利的幌子来表达自己的诉求……"

当时,有大约50名香奈儿员工在店铺罢工,香奈儿躲进丽兹酒店，坚决不接受员工提出的一些要求。工会代表去酒店找她，她也不见，只撂下一句"等我准备好了，自然会去店里"。香奈儿此举是想让自己的员工明白，只有她才是掌握主导权的那个人。

过了许久，香奈儿换上平常工作时不会穿着的顶级香奈儿套装，还戴上绕了三圈的珍珠项链，以这样一身"决胜装扮"去了店里。但员工直接将香奈儿堵在店门口，要求她付清工资，态度非常坚决。

一向拥有王者霸气的香奈儿岂能容忍被自己的员工如此羞辱，她的态度更加强硬起来，与员工之间的对峙也愈演愈烈。她不仅拒绝了工人的一切正当要求，比如按周结算工资、减少工作时间、允许带薪休假等，还扬言要解雇300名员工。双方互不让步，罢工问题迟迟未能解决。后来，香奈儿想到若是这样继续下去，下一季的发布会就无法举行了,她只好同意作出一些妥协,接受了工人的部分要求。毕竟对于香奈儿来说,开不了发布会会直接威胁她作为顶级设计师的地位和名声。不过,这里面还有非常关键的一点:夏帕瑞丽的时装店那时才刚刚起步,员工数量不多,所以没怎么受到罢工问题的影响。香奈儿不会给夏帕瑞丽钻空子的机会,否则下一次巴黎时装周的风头就很可能会被她抢去。

无聊至极

1939年9月,第二次世界大战一爆发,香奈儿就关掉了自己在康朋街的店铺,只保留香水和饰品这两大品类,还解雇了3000名员工。然而,香奈儿没有预先通知大家会进行裁员,因此，她遭到了猛烈抨击，许多人都骂她"叛徒""过河拆桥"等。但无论旁人怎么劝说、笼络香奈儿，都没能改变香奈儿的决定。

正如引言中所述，香奈儿认为在战争打响后，没人有机会穿高级定制时装，也没人会想去穿。她还表示"如今已不是谈论时尚的年代了"，然后便开始了长达15年的隐居生活。

第九章

时尚潮起潮落,唯有风格永存

香奈儿复出后，对其赞不绝口、让香奈儿得以重登世界顶级设计师地位的不是她的祖国法国，而是美国。关于个中理由，*VOGUE* 杂志美国版记者贝蒂娜·巴拉德作出了如下分析："香奈儿1954年的复出发布会着实令人惊艳，它在一定程度上满足了广大女性的内心渴求——希望拥有能让自己变得更加自信的衣服。一直以来，香奈儿都对那样的服装有着深刻的理解，同时也在孜孜不倦地尝试创造。"

香奈儿本人也特别看重自己作为女性设计师设计女装的价值。她说："那些男设计师即使线稿画得再漂亮，说到底还是不懂女性，他们并不了解女人究竟是怎么生活的。"

当时，有 4 位男性设计师叱咤巴黎时尚界，他们分别是克里斯蒂安·迪奥、皮尔·卡丹、安德烈·库雷热以及迪奥的继承者伊夫·圣罗兰。不过，香奈儿的存在还是对他们 4 位形成了有力的牵制。对于比较年轻的圣罗兰，香奈儿虽然亲口称赞过他"才华横溢"，但也不忘补上一句，"当然了，如果多学学我就会变得更好"。

香奈儿设计的核心在于，女装是为了让女性更好地生活。她最拿手的就是通过装饰性的手法将一些男性元素运用到女装当中。但这并不是为了迎合女权主义者，也不单是为了流行而特意在形式上创新。香奈儿女装所要表达的精神内涵是，希望女性能够超越时代和性别偏见，用独立和自由映衬出自己的美。其实，这种内涵就是一种优雅，它蕴藏在每一位女性的工作、生活乃至人生之中，香奈儿称之为"风格"。

香奈儿风格

香奈儿始终认为,时尚潮起潮落,唯有风格永存。

20世纪60年代,嬉皮风格和迷你裙火遍全球,但香奈儿风格也依然热度不减。

香奈儿曾毫不客气地评论道:"我最讨厌迷你裙之类的设计,完全不懂为什么有人愿意穿成那样,也无法理解那些喜欢看女性穿迷你裙的男人。在我看来,把膝盖露出来的女性一点都不优雅,衣服只要太过暴露就会丧失魅力。"

看着那些为了赶时髦才穿迷你裙的女性,香奈儿还表达了自己的不满:"并非人人都是青春正茂,这虽令人感到遗憾,但其实也有好处,因为女人只有到了40岁以后才会真正懂得女人的魅力在哪里,明白怎么穿衣打扮最适合自己。我一定要为一些女性守护住那种略带些羞涩的优雅。"

香奈儿的守护方式非常巧妙,她首先请来女演员当作"移动广告牌"。其中不乏她之前就认识的玛琳·黛德丽、伊丽莎白·泰勒等好莱坞女星,也有让娜·莫罗、凯瑟琳·德纳芙、碧姬·芭铎等新生代法国女星。香奈儿为她们提供服装并亲自操刀她们参演的各种电影、舞台剧的服装设计。

对于20世纪60年代的欧美女性来说,一身香奈儿套装象征着高贵的身份和地位。

香奈儿套装的上装外套左右对称,板型十分考究,就连里衬也采用了轻柔的丝绸。外套的下摆还会缝上精致的铜质链条,以保证衣服本身的垂坠感以及与身体之间的完美贴合,又避免妨碍双臂活动自由。另外,在合适的位置还贴心地设计了口袋。面料方面,有的套装和开襟衫一样,用的是穿感舒适的针织面料,有的套装则用了柔软的粗花呢面料。每件套装的衣边都采用罗缎丝带进行缝制，金色纽扣上还带有香奈儿的一些著名标志，比如象征香奈儿星座的狮子头、香奈儿最喜欢的山茶花图案以及双C标志等。

套装里面，一般会搭配真丝衬衫，领口处配有宽松的蝴蝶结；下身是一条长度刚好可以遮住膝盖的直筒型短裙，裙子正面靠近两侧的位置也分别设有口袋。

套装搭配的点睛之笔是带有链条提手的绗缝菱格纹手袋，脚尖部分采用黑色皮革或丝绸，其余部分采用米色绒面革的露跟女鞋。这样的风格要求着装者头发不能太长，或者需要用黑色丝绸缎带把头发扎好。就是这样的一身打扮，让人显得魅力倍增，至少在外形上就能给人以充分的自信。

由于香奈儿风格得到了大众的热切关注，

香奈儿香水的销量也随之得以提升,而这其中贡献最大的要数女星玛丽莲·梦露了。在某次采访中,梦露被问到睡觉时会穿什么,她的回答竟然是"香奈儿5号"。梦露的这个回答立即成为宣传香奈儿5号香水的经典台词,甚至比花费上百万美元的广告都要直接、有效。

仿制香奈儿?也不错嘛

之前已多次提到,这一时期要说哪个设计师的作品被抄袭得最多,非香奈儿莫属。模仿香奈儿的服饰产品层出不穷,但香奈儿对此毫不在意。

某次,香奈儿的一位女性朋友兼顾客在向她介绍自己的女儿时,她发现那位姑娘身上穿的就是和香奈儿套装极其相似的仿制服装。香奈儿将其反复打量一番后，竟然说了句"这做得还不错嘛"，然后又开玩笑似的补上一句，"如果不看袖子的垂坠感的话"。于是，她让那位姑娘脱下外套，开始按自己的感觉调整袖口部分，然后让自己店里手艺精湛的裁缝将其重新缝好，还给早已欣喜若狂的姑娘。

在对品质的追求上，香奈儿从不会作任何妥协。对这一点感受最深的当属那些时常陪在香奈儿身边的模特和工作人员。

每当离发布会越来越近时，香奈儿工作室里的气氛都格外紧张，让人觉得呼吸困难。在香奈儿面前，模特们甚至不敢开口说话，只能选择服从和忍耐。而且只要香奈儿开始调整模特身上的衣服或拿起珠针上袖子后，她就会像着了魔一样，再也听不见任何声音和响动。

当一件衣服快要制作完成时，香奈儿的神经会更加紧绷。她目光锐利，上下审视着眼前的衣服，从各个角度检查是否还有什么缺点。在香奈儿专心致志工作期间，模特和工作人员都只能屏住呼吸在一旁静候。

即使到了半夜12点，工作人员也无法阻止香奈儿继续熬夜工作。或许有人会以为年迈的香奈儿必定是佝偻着腰趴在工作台上，画面满是苍凉感。但实际上，香奈儿在工作时会把长剪刀别在腰间，就像别着一把宝剑，可以随时施展自己的功夫。有时，她还会把剪刀挂在脖子上，仿佛一枚别出心裁的勋章。

随着年龄的增加，香奈儿也越发以自我为中心，经常弄哭模特和工作人员，以至于许多人都讨厌她。不过，香奈儿自己对此也了然于胸，她说："不管怎样，至少是因为我干了两倍的工作，一切才都进展得比较顺利。我总会这样告诉自己，对于那些人，再怎么烦恼也无济于事，你首先要做的是把发布会准备完毕。你不能输给愤怒，你可以忍。我的命运是做一只女王蜂，而我的守护星是狮子座和太阳。狮子座的女性一般都勤劳、务实、勇敢，性格十分坚韧，而这些都非常符合我的特点。我就是一只狮子座的女王蜂。"

从复出到离世的 17 年间，香奈儿一直在工作，从未停歇。当然，也有做不动的时候，她曾说过："偶尔觉得太累，我就会像掉进一口深井里一样沉睡许久。"

虽然香奈儿在其晚年时重获成功，但她也一直被自己内心无法排解的孤独折磨着。有时，香奈儿会陷入一种"日薄西山"的忧郁情绪而无法自拔，如果再刚好遇上没有工作的星期天或节假日，无人陪伴在自己左右，对她来说是最痛苦的。

对于香奈儿来说，纵使自己才华多么出众，成就多么卓越，儿时被父亲抛弃、在孤儿院长大的苦涩记忆却是她内心永远挥之不去的阴影。

一生就像小鸟一样自由

1971年1月9日,在去世前一天,香奈儿还在为准备最新一季的高级定制时装发布会而拼命工作。由于第二天是周日,所以当天必须结束所有准备工作。那天傍晚,德莱邀请香奈儿一同进餐,香奈儿依旧是一身无可挑剔的打扮,正坐在梳妆台前检查自己的妆容。晚餐结束后,德莱将香奈儿送到丽兹酒店门前。临走时,香奈儿还大声对她说:"明天见,我还是会和平常一样在康朋街工作。"

然而那天夜里,香奈儿突然呼吸困难,闻声赶来的女仆慌里慌张地准备给香奈儿注射救命用的药剂。香奈儿看不下去,向女仆吼道,

"这样是会死人的",然后索性自己进行了注射。谁知那就是她生前所说的最后一句话。香奈儿悄然离世,享年 87 岁。

按照香奈儿的遗愿,她被安葬在瑞士洛桑。她的墓碑上除了刻有自己的姓名和生卒年以外,还雕刻着五个狮子头和一个简单的十字架。不过,香奈儿的遗体并没有被埋在墓碑的下方,而是被安置在墓碑前方的土地中,上面还铺满了洁白的花朵。香奈儿的遗产继承人之一、香奈儿外甥之女加布丽埃勒·帕拉斯-拉布吕尼表示,"香奈儿不想自己的遗体被埋在石头下面,"毕竟她在生前就说过,"希望死后也可以到处走动,而非一直躺在石头下。"

1947 年冬,为了撰写香奈儿的传记,保罗·莫朗开始对正在瑞士过着隐退生活的香奈儿进行访谈。在一次采访中,香奈儿告诉莫朗说:"我这一生就像小鸟一样自由。"但这件事直到 30 年后莫朗临死前才公之于众。不过,香奈儿在访谈中公开留下的一些话与这句话可谓相得益彰:"我是个再老也不愿意死的人,因为即使我被埋在地下,想必也不会安稳睡觉,而是想怎么才能起死回生重新来过吧。"

带着对自由的无限向往和满腔热情,香奈儿从自己悲惨的少女时代中成功走出,并凭借她那非凡出众的才华和经营能力以及迷人的外表,成为 20 世纪时尚界的先驱者。她超越了时尚本身,提出"美且自由"的美学风格,对全球女性发展产生了深远影响。同时,香奈儿还通过自己的生活方式,让世人看到了一位"不依靠男性,独立自主,为自己而活"的 20 世纪新女性形象,为万千女性带去了莫大的勇气和梦想。

年　表

年份	年龄	大事记
1883年	0岁	8月19日，可可·香奈儿出生于法国中西部小镇索米尔，教名为加布丽埃勒·香奈儿，父亲为阿尔贝·香奈儿，母亲为让娜·德沃勒
1895年	12岁	母亲让娜去世，年仅33岁；父亲阿尔贝逃避赡养责任，将香奈儿及其姐姐朱莉亚、妹妹安托瓦妮特送进欧巴济讷孤儿院
1900年	17岁	离开欧巴济讷孤儿院，被送进法国中部小镇穆兰的一家女生宿舍
1903年	20岁	离开女生宿舍，在穆兰的一家裁缝店见习；其间，香奈儿的裁缝手艺日益精进，并遇到自己的初恋情人艾蒂安·巴尔桑
1908年	25岁	移居巴黎，开始设计帽子，并在巴黎马勒塞布大道160号的公寓一角开了一间小小的女帽店

年份	年龄	大事记
1910 年	27 岁	将女帽店搬到巴黎康朋街 21 号
1913 年	30 岁	在卡佩尔的帮助下,在法国西北的度假胜地多维尔开设第二家店
1914 年	31 岁	(第一次世界大战爆发)设计出一些穿着方便、行动自由、价格适中的女装,一经售卖,大获好评
1915 年	32 岁	7 月,与卡佩尔一起在法国西南的度假胜地比亚里茨开设第三家高级时装店;这一时期,开始尝试在女装中运用汗布等针织面料;9 月,在比亚里茨店举办自己的首场时装发布会,正式以设计师的身份出道
1916 年	33 岁	汗布女装得到美国杂志《时尚芭莎》的好评;香奈儿的时尚事业迅猛发展,店内员工增至 300 余人;香奈儿还清所有欠卡佩尔的钱,成为一名真正独立的女性企业家
1917 年	34 岁	与米西娅·塞特相识
1918 年	35 岁	卡佩尔与一位出身贵族的英国女子结婚
1919 年	36 岁	将巴黎的店迁至康朋街 31 号(如今香奈儿总店的所在地);12 月,卡佩尔出车祸去世

续表

年份	年龄	大事记
1920 年	37 岁	与俄国流亡贵族德米特里大公相恋；其间，获得人造珠宝的设计灵感，人造珠宝后来也成为香奈儿的经典产品之一
1924 年	41 岁	与法国最大的香水生产商维德摩尔家族联合创办香奈儿香水公司；成立专门设计生产人造珠宝的工作室；与英国贵族威斯敏斯特公爵开始长达 5 年的交往
1926 年	43 岁	*VOGUE* 杂志美国版报道香奈儿小黑裙
1929 年	46 岁	在法国南部的法国里维埃拉建造自己的别墅"休憩"；开设饰品专卖店；香奈儿 5 号香水成为世界顶级香水
1931 年	48 岁	2 月，前往美国好莱坞负责电影服装设计
1936 年	53 岁	6 月，与持续罢工的工会僵持不下，但最终接受工会的部分要求
1939 年	56 岁	（第二次世界大战爆发）关掉自己所有的店，只保留香水和饰品两大品类并遣散 3000 名左右员工

续表

年份	年龄	大事记
20世纪40年代		（法国设计师克里斯蒂安·迪奥受到热捧）
1942年	59岁	德米特里大公去世
1945年	62岁	移居瑞士
1947年	64岁	在经过对香水销售权的长年争夺后，与维德摩尔家族之间最终达成和解
1950年	67岁	一生唯一的女性朋友米西娅·塞特去世
1954年	71岁	2月5日，结束长达15年的隐居生活，举办复出发布会，却遭到来自业界和媒体的一致批评
1957年	74岁	复出后的设计作品首先在美国得到重新认可；作为"过去50年里最具影响力的设计师"在美国德克萨斯州接受表彰
1971年	87岁	1月10日，在丽兹酒店去世

参考文献

本书在写作时参考了以下书籍和资料,感兴趣的读者可进一步了解阅读,相信一定会有新的收获。另外,部分书籍可前往图书馆等处查阅。

《香奈儿的态度》,保罗·莫朗著,山田登世子译,中公文库,2007年

既是作家又是外交官的作者与当时正在瑞士隐居的香奈儿进行了对话,并基于自己的手记,以香奈儿独白的形式写就了此书。全文有着高雅的格调和如诗般的韵味,但同时也措辞犀利,散发出香奈儿由内而外的自信,直击读者的内心。值得关注的是,本书中香奈儿从未提及她幼时曾待过孤儿院,而声称自己是被两位姑母抚养长大的。(从这里便可看出,香奈儿本人对她灰暗的童年十分介怀,借此我们也能更加理解她童年时的悲惨遭遇)。《狮子座女人香奈儿》(文化出版局,1977年)的新译本。

《可可·香奈儿》,克劳德·德雷著,上田美树译,三丽鸥,1989年

在香奈儿人生中的最后十年里,身为精神分析师的本书作者是她最亲密的友人。通过本书可以一窥香奈儿的内心世界,你将看到一位始终渴望爱的女性以及她那百转千回的心路历程,并且从这样一位凭借自己的才干和努力战胜苦痛、取得成功的女性身上汲取到无穷的勇气。

《可可·香奈儿的传奇人生》,贾斯汀·皮

卡迪著，栗原百代、高桥美江译，玛布尔特伦股份有限公司（The Marbletron INC.）出版，媒体之友股份有限公司（Media Pal Co.,Ltd.）发售，2012年

在本书中，小黑裙、香奈儿5号香水、威斯敏斯特公爵等等点缀了香奈儿多彩人生的话题分别独立成章，加上翔实叙述以及丰富的照片记录，香奈儿的传奇人生将如电影一般呈现在我们眼前。

《香奈儿的本色》，山口昌子著，人文书院，2002年

本书是作者在实地走访了与香奈儿生平有关的地方，以及采访了其朋友、员工、律师等人之后整理而来的一本纪实作品。透过香奈儿曾看过的风景、见过的人及其身处的时代背景，她的一生得以生动展现。

《香奈儿——顶级品牌的秘密》，山田登世子著，朝日新闻社，2008年

为何说香奈儿的出现是世界潮流史上划时代的大事件？区区数十年，便从名不见经传的小店一跃成为世界顶级品牌，这又是为何？本书作者作为一名研究法国文学的学者，同时又是时尚品牌研究领域的权威人士，对以上问题展开了鞭辟入里的分析，特别是关于香奈儿对"奢侈"二字的看法，作者的解说一针见血，让人读起来为之振奋。

《香奈儿的生活方式》，山口路子著，新人物文库，2009年

在这本书中，我们同样可以看到一位犀利又毒舌的香奈儿。通过反复品味她的那些经典名言，从香奈儿童年到晚年的一系列故事会向我们慢慢铺陈开来。文章通俗易懂又凝练隽永。

其他参考文献

《香奈儿的一生和她的时代》,埃德蒙·查尔斯·鲁克斯著,秦早穗子译,镰仓书房,1990年

《改变世界的6位企业家②香奈儿——可可·香奈儿》,大卫·邦德著,常盘新平译,岩崎书店,1997年

《可可·香奈儿——挑战时代的烈女子》,伊丽莎白·韦斯曼著,深味纯子译,阪急交流社,2009年

《香奈儿——收藏与创新》,丹尼尔·博特著,高桥真理子译,讲谈社,2007年

《我希望这样生活——时尚设计师可可·香奈儿》,实川元子著,理论社,2000年

《可可·香奈儿的秘密》,马赛尔·黑德里希著,山中启子译,早川文库,1995年

《香奈儿——风格与人生》,珍妮特·瓦拉

赫著,中野香织译,文化出版局,2002年

电影(DVD)作品等

《可可·香奈儿》,东北新社,2010年

《时尚先锋香奈儿》,华纳家庭录像公司,2010年

思考题

思考题 1

香奈儿在孤儿院是怎样维护自己的自尊心的?

思考题 2

在外出就餐的路上,卡佩尔告诉香奈儿,银行打来电话说她的花费有些多。香奈儿内心受到巨大冲击,为什么?

思考题 3

香奈儿在为广大女性带来穿衣自由的过程中,是如何追求自己人生自由的?